浅井 武（筑波大学教授／蹴球部顧問）◎監修

# サッカー 神技 フリーキック シュート&パスが 蹴れるようになる本 新版

*Improve your soccer kicking skills dramatically!*

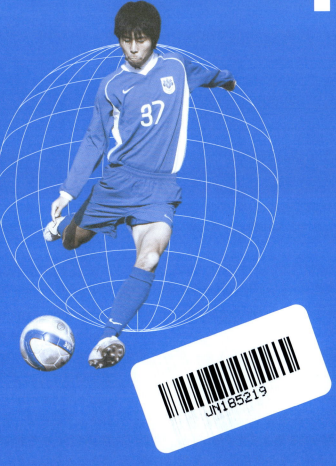

# 1つのキックのスピードや精度について、どれだけ、こだわっていま

## しっかりとキックができないのは体格やセンスのせいではない!

みなさんは、プレーの最中にこんな経験をしたことはありませんか?
「ボールを遠くに飛ばそうと、強く蹴ったが思うように飛ばなかった」
「カーブをかけてゴールを狙ったのに、GKにあっさりキャッチされた」

こういったことが起きるのは、あなたのキックにしっかりとした裏付けがされていないからです。キックはサッカーの基本中の基本となる技術。サッカーを始めたときに、まず練習するのはボールを「蹴る」ことです。サッカープレーヤーのみなさんであれば、今までに数え切れないほど、たくさんボールを蹴ってきたことでしょう。
それにもかかわらず、狙ったとこ

Prologue

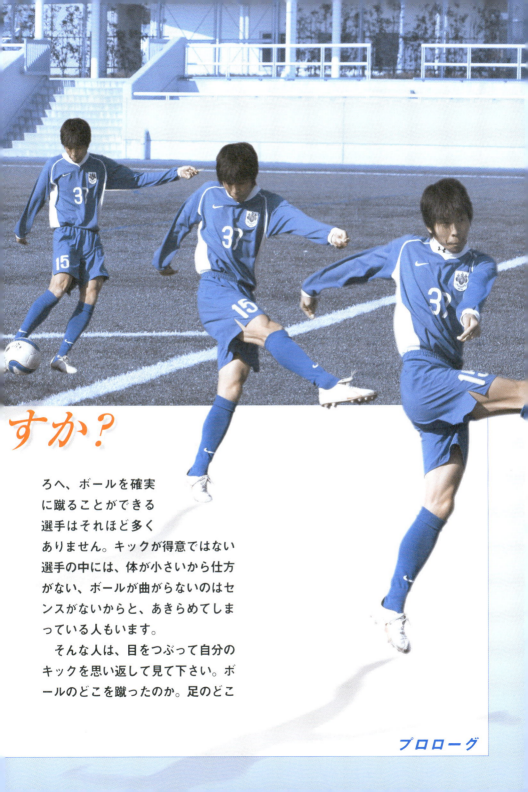

## すか？

　ろへ、ボールを確実に蹴ることができる選手はそれほど多くありません。キックが得意ではない選手の中には、体が小さいから仕方がない、ボールが曲がらないのはセンスがないからと、あきらめてしまっている人もいます。
　そんな人は、目をつぶって自分のキックを思い返して見て下さい。ボールのどこを蹴ったのか。足のどこ

プロローグ

に当てたのか。1つのキックに対して、あなたはどれほどまでこだわって蹴っていたでしょうか？ ただ、何となく目の前のボールを蹴ってはいませんでしたか？

　ボールが飛ぶ、曲がる、落ちる、揺れる。こうした現象にはしっかりとした根拠があります。助走の角度、軸足の位置、ヒザの向き、フォロースルー。さらに、ボールのどこをどうやって蹴るか……つまり、インパクトは、何よりも重要なポイントです。

　自分が狙ったところに、思い通りのボールを蹴れるようになれば、とてもうれしいもの。キックの仕組みと正しい蹴り方を覚えれば、狙ったところへボールを飛ばせる確率が上がります。うれしい気持ちを何度も味わえるようになるのです。

**単純な基本技はいけない！チャレンジす**

プロローグ

## 状況に合わせて最適なキックを選べれば大きな武器になる

　日本ではキックはインサイド、アウトサイド、インステップ、インフロント、アウトフロントなど、限られた種類に大別していますが、実際のキック技術は、もっと細分化されたものになります。キックの選択肢を数多く持ち合わせており、プレーの状況に合わせて最適なものを選んで、正確に蹴ることができれば、それだけで大きな武器になるでしょう。

　この本は、プロを目指しているジュニア年代の選手から、中学生、高校生、社会人まですべての選手に読んでもらいたいと思っています。人間は、一定の年齢を迎えると、そこから突然速く走れるようになったり、体が大きくなったりすることはありません。しかし、キックの技術は反復練習をすることで確実に上達するものです。いわば、キックというのはすべての選手にとって"伸びしろ"のある要素なのです。

　もちろん、本を読んだだけで自動的に無回転ブレ球が蹴れたり、曲がって落ちるフリーキックが蹴れるようになったりと、そんな都合のいいことは起こりません。本を読んで正しい蹴り方を理解したら、グラウンドに出てボールを蹴る。その繰り返しによって、キックは自分のモノになるのです。

　みなさんがキックの面白さと奥深さに目覚め、今よりももっと良い選手になることを願っています。

筑波大学教授・筑波大学蹴球部顧問
**浅井　武**

術と侮って
自分の可能性に
るのが大切だ！

# Cont

**002** プロローグ

## CHAPTER-1
## ボールをキックするということ…

- **012** 脅威の弾道を描く『無回転ブレ球』
- **014** GKを無力化する『コロコロPK』
- **016** 漫画「サッカーのキックを科学する!?」

## CHAPTER-2
## インサイド＆アウトサイド系キック
### 基本編

- **040** 01 インサイドグラウンダー
- **042** 02 インサイドライナー
- **044** 03 インサイドカーブグラウンダー
- **046** 04 インサイドカーブライナー
- **048** 05 インサイドボレー
- **050** 06 アウトサイドグラウンダー
- **052** 07 アウトサイドライナー
- **054** 08 アウトサイドカーブグラウンダー

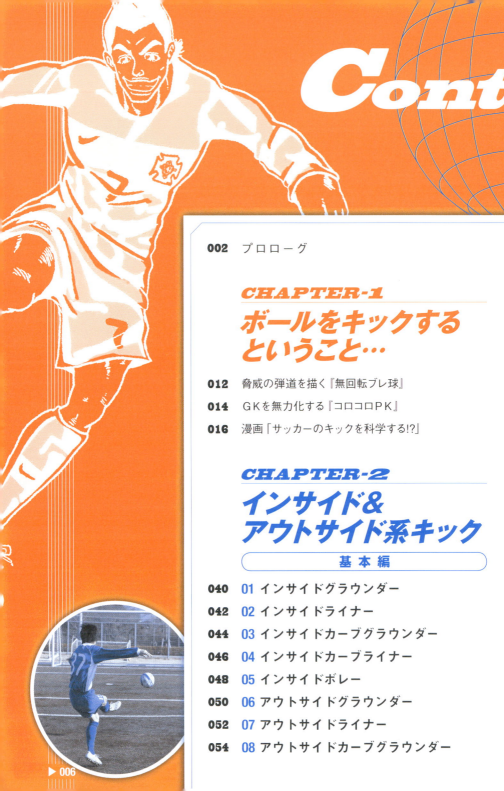

もくじ

| 056 | 09 アウトサイドカーブライナー |
| 058 | 10 アウトサイドボレー |

### 実践編

| 060 | 11 Sインサイドシュート（ファー） |
| 062 | 12 Sインサイドシュート（ニア） |
| 064 | 13 チェンジアップインサイド（コロコロPK） |
| 066 | 14 インサイドフリック |
| 068 | 15 アウトサイドフリック |
| 070 | 16 アウトサイドカンフー・ループ |
| 072 | 17 アウトサイドカンフー・ボレー |
| 074 | 18 インサイドドライブ |
| 076 | 19 無回転ブレ球（インサイド） |

## CHAPTER-3
## インステップ系キック

### 基本編

| 082 | 20 インステップストレート |
| 084 | 21 インステップグラウンダー |
| 086 | 22 インステップライナー |
| 088 | 23 インステップアッパー |

| | 実 践 編 |
|---|---|
| 090 | 24 インステップボレー |
| 092 | 25 フライング・インステップボレー |
| 094 | 26 インステップドライブボレー |
| 096 | 27 無回転ブレ球（インステップ） |

## CHAPTER-4
## インフロント＆アウトフロント系キック

| | 基 本 編 |
|---|---|
| 102 | 28 インフロントライナー |
| 104 | 29 インフロントアッパー |
| 106 | 30 インフロントスライダー |
| 108 | 31 アウトフロントライナー |
| 110 | 32 アウトフロントカーブ |

| | 実 践 編 |
|---|---|
| 112 | 33 インフロントカーブ（ファー） |
| 114 | 34 インフロントカーブ（ニア） |
| 116 | 35 アウトフロントスナップ |

## CHAPTER-5
## その他のキック

| | |
|---|---|
| 122 | 36 チップキック |
| 124 | 37 ダイレクト・チップキック |

| 126 | 38 ループキック |
| 128 | 39 ヒールキック |
| 130 | 40 クロス・ヒールキック |
| 132 | 41 ソールキック |
| 134 | 42 トゥキックストレート |
| 136 | 43 トゥキックドライブ |
| 138 | 44 ラボーナ |
| 140 | 45 オーバーヘッドキック |

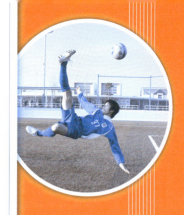

## CHAPTER-6
### 浅井武が答える キック技術を高めるためのQ&A

| 144 | Q.01 体が小さくても、遠くまでボールを飛ばせますか？ |
| 145 | Q.02 体を「かぶせる」ってどういうこと？ |
| 146 | Q.03 ボールに当てる場所は、誰でもみんな同じですか？ |
| 147 | Q.04 足首の柔らかさとキックの関係は？ |
| 148 | Q.05 自分のキックフォームはどうやって見つける？ |
| 149 | Q.06 シュートが大きく浮いてしまうのはなぜ？ |
| 150 | Q.07 フリーキックを決められる選手は何が違う？ |
| 151 | Q.08 ゴールキックやロングボールが飛びません…… |
| 152 | Q.09 利き足じゃない足で蹴るときのコツは？ |
| 153 | Q.10 ボールがブレるのはどうしてですか？ |

| 156 | エピローグ |
| 158 | 監修者紹介 |

# ボールを
# キックするということ…
## CHAPTER 1

脅威の弾道を描く『無回転ブレ球』
GKを無力化する『コロコロPK』
漫画「サッカーのキックを科学する!?」

# SPECIAL KICK 01

## 脅威の弾道を描く
## 無回転ブレ球!!

**助走**
助走は単なるキック前の予備動作ではない。助走しながら蹴り足を大きくバックスイングすることで、最大限のパワーが引き出される。

**インパクト**
無回転ボールの"生命線"となるのがインパクト。通常のキックよりもボールと足の接触時間を長くし、インステップで押し出すようなイメージで蹴る。

## CHAPTER 1

## ボールをキックするということ…

現代サッカーの"魔球"として、名だたるGKたちでさえ怖れをなすのが「無回転ブレ球」だ。まっすぐに飛ぶと思われたボールが、ゴールに近づくにつれ左右に揺れたり、落ちたりと、不規則な変化を起こす。蹴った本人すらどこに飛ぶかわからないので、GKも予測ができず、キャッチングは至難の業、弾くのさえ精一杯だ。コントロールが非常に難しく、独特なキックの感覚が必要だが、だからこそ挑戦のしがいのあるテクニックだ。

**GK**
まっすぐに飛んで来たボールに対処しようとした瞬間に、落ちたり、揺れたりするので、反応が遅れて飛ぶことすらできず、ただ見送ってしまうことも多い。

**ボールの軌道**
ボールは、ほぼ回転しない状態で蹴り出される。直後は、普通のシュートと軌道が同じため見分けがつきづらいが、GKの目前で予測不能な揺れを起こす。

### このキックの名手
### 本田圭佑

日本が世界に誇るフリーキックのスペシャリスト。左足の振りの速さ、強じんな足首を活かした無回転ブレ球は「悪魔のボール」とも称される。「インパクトのパワーが日本人離れしており、それを軸にいろいろなキックを蹴ることができる」(浅井武教授)。2010南アフリカワールドカップのデンマーク戦で決めたフリーキックは伝説となった。

# SPECIAL KICK 02
## GKを無力化する
## コロコロPK!!

**助走**

ボールをほとんど見ずに、GKをじっと見ながらゆっくりと助走する。GKがヤマを張って蹴る前に先に動くタイプであれば、この時点でほぼ勝負は決する。

# CHAPTER 1

## ボールをキックするということ…

PKでは、GKはキッカーが蹴った後に反応しても間に合わない。そのため相手のクセを読んだり、コースにヤマを張ったりして、キックの直前にどちらかに飛んでしまうことが多い。そんなGKの習性を利用したのが「コロコロPK」だ。ボールを蹴る直前までGKの動きをじっと観察し、先に動くのを待ってから、動いた方向とは逆にインサイドキックでボールを転がす。ボールを見ずに狙った場所に蹴れる技術に裏打ちされたキックだ。

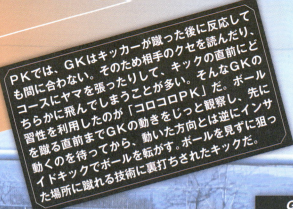

**GK**
キック直前に先を読んで、逆を突かれてしまえばどうしようもない。ボールの勢いはコロコロとゆっくりであるにも関わらず、GKは対処する術がない。

**ボールの軌道**
バックスイング〜インパクト直前で、コースを決定して蹴る場合には、ボールの勢いは出しづらい。しかし、GKの逆をつけば、ゆっくりしたボールでも十分だ。

**インパクト**
GKが先に動くまでは蹴らない。痺れを切らしたGKが動いたらGKが動いた方向とは逆のコースを狙って、インサイドでボールを押し出すように蹴る。

### このキックの名手
## 遠藤保仁

正確なキック技術を駆使した長短のパスでゲームを操る、日本最高の司令塔。「日本で最も質の高いキックができる選手。自分なりのミートポイントを持っていることが大きいのだろう」（浅井武教授）。カーブをかけた美しい軌道のフリーキックも得意とし、狙った場所へピンポイントで曲げて落とすボールは秀逸、まさに「キックの職人」といえる選手だ。

CHAPTER 1

ボールをキックするということ…

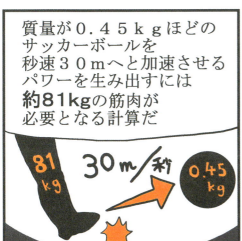

# CHAPTER 1

## ボールをキックするということ…

根元を振り出すと…

一度引き戻されてから

前方に振り出される

根元の部分に力を加えて振り出すと、脚部は円を描きながら前向きに加速する。ただし、人間のヒザの位置に当たるところから接続された先端部分は大きく後ろ向きに引き戻されるように回転する。振り出した脚部が減速すると、遅れて先端部分が前方に振り出されてキックの状態になる。

つまり、先端部分に直接力を加えるのではなく、根元部分の動きが間接的に先端部分をコントロールしている。この一連の動作中に、脚部と先端部分に引き起こる力の働きが「溜め」となって、大きなスピード、エネルギーを発揮する。

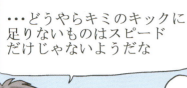

ボールは空気中を飛ぶ時、その表面に数ミリの空気の層がまとわりついた状態で移動している。ボールが回転している場合は、この空気の層が、ボールの片方の側面ではボールの回転方向と同じ方向に移動するが、もう一方の側面はボールの回転と反対方向に移動することになる。

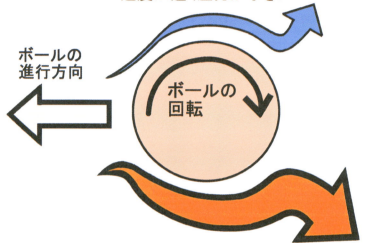

**速度が速く圧力が小さい**

ボールの進行方向

ボールの回転

**速度が遅く圧力が大きい**

この時、回転方向と同じ方向に流れる空気層の速度は速く、圧力が小さくなり、反対方向に流れる空気層の速度は遅く、圧力が大きくなる。
この圧力差がボールの進行方向に対する横方向の力を生み出し、圧力が小さい方向へのカーブボールとなる。

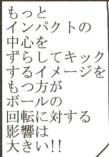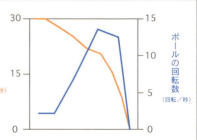

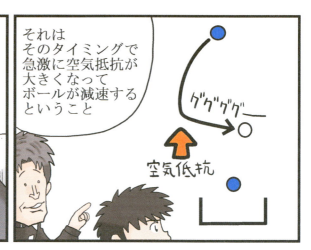

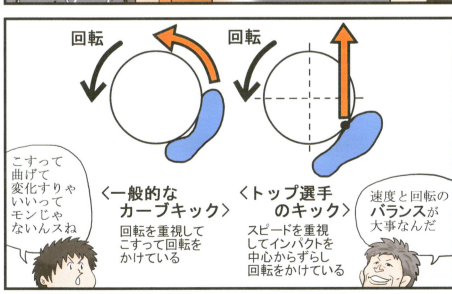

# インサイド＆アウトサイド系キック
## CHAPTER 2

【基本編】インサイドグラウンダー
インサイドライナー
インサイドカーブグラウンダー
インサイドカーブライナー
インサイドボレー
アウトサイドグラウンダー
アウトサイドライナー
アウトサイドカーブグラウンダー
アウトサイドカーブライナー
アウトサイドボレー
【実践編】Ｓインサイドシュート（ファー）
Ｓインサイドシュート（ニア）
チェンジアップインサイド（コロコロPK）
インサイドフリック
アウトサイドフリック
アウトサイドカンフー・ループ
アウトサイドカンフー・ボレー
インサイドドライブ
無回転ブレ球（インサイド）

# CHAPTER 2
## インサイド＆アウトサイド系キック

## ２つのキックを正確に蹴る
## サッカーの最初のステップ

インサイド&アウトサイド系のキックは、コントロールが安定し、キック動作もしやすいため、パス、そしてシュートと、プレー中に一番多用される。

インサイドキックは、ボールをインパクトするときに足の内側の広い面を使うため、コントロールがしやすく方向性の精度を保ちやすい。キック動作もコンパクトなので、顔を上げて視野を確保しながら「止めて〜蹴る」という一連の動作がスムーズに行なえ、キックミスも少ないという特性がある。

一方で、ボールスピードを出すことが難しく、遠くへ飛ばすことが難しいキックともいえる。そのため、基本的にはショートパスをつなぐときに使われる。

足の外側の面を使うアウトサイドキックは、インサイドキックに比べると、正確性やボールスピードが劣るため、プレー中の使用機会は少し減る。しかし、キック動作が走るフォームに近く、走りながらキックができるので、相手の選手にパスをするタイミングや、コースが読まれにくいという特性がある。インサイドとアウトサイドを、うまく使い分けできるようになれば、パスの選択肢の幅はぐっと広がるだろう。

まずはこの2つのキックを正確に蹴れるように練習することが、サッカーの最初のステップといえるかもしれない。

ことがだ

## インサイド&アウトサイド系キック

## 08 インサイドグラ

サッカーの基本にして、最も重要とも呼べるのがイ
でもピッチを転がすグラウンダーのキックは、どの
がとても高いもの。方向とスピードの調節がキック

### ボールのインパクト

- インパクト部分
- ↑スイングの方向

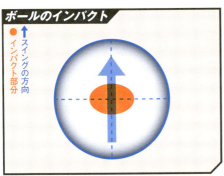

### 足のインパクト

- インパクト部分

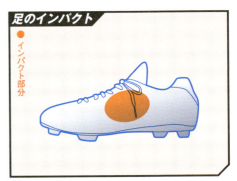

## 後ろからのアングル

**1 アプローチ** **2 バックスイング** **3 インパクト**

**1** ボールに対して、蹴り足をスムーズに当てられる角度をとる。助走の距離は長くとり過ぎない。

**2** ボールのほぼ真横に軸足を踏み込み、ツマ先を蹴る方向に向ける。コンパクトかつ素早くバックスイング。

**3** 足の内側の広い面でボールの中心に当てる。足首がぐらついているとキックミスになるので気をつけよう。

**1 アプローチ** **2 バックスイング** **3 インパクト**

## 正面・斜めからのアングル

# CHAPTER 2

## [基本編]

# ウンダー

ンサイドキック。その中ポジションでも使用頻度の重要なポイントだ。

### このキックの名手

**シャビ** スペイン

**エジル** ドイツ

**遠藤保仁** 日本

### このキックの要素と特徴

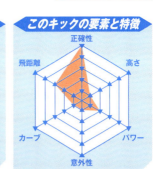

正確性／高さ／パワー／意外性／カーブ／飛距離

### ▶ 足の内側の広い面でまっすぐにとらえる

足の内側から土踏まずの上部までの広い面で、ボールの中心を、まっすぐに振り抜く。ゴルフでホールに入れるパターショットを打つイメージで行なおう。どうしてもボールが浮いてしまう人は、蹴る瞬間にヒザをかぶせるように当てると浮きづらくなる。

### このキックを使用する状況

← 赤い矢印がこのキック

### ビルドアップや中盤のパス回しに使われる

自陣からのビルドアップや中盤でのパス回し、攻撃の仕上げのパス、至近距離のシュートと使用機会は多いが、とくに前線の選手に当てるクサビのパスは、コントロールがしやすいグラウンダーのボールが最適。味方の技術や相手の状況に応じてパススピードを変えよう。

**4 フォロースルー**

**4** ボールを蹴り出した方向にまっすぐに振り抜く。ボールを体全体で押し出して、パワーを最後まで伝える。

**4 フォロースルー**

### キック博士 浅井武のワンポイント解説

**股関節を大きく外向きにひねる**

大きく平らな面を作ってボールにインパクトすることは、キックの正確性を高めるには極めて有効な方法だ。蹴る瞬間に股関節を大きく外向きにひねることで、ボールに当たる面積をより大きくできる。

インサイド&アウトサイド系キック [基本編] —— インサイドグラウンダー

# インサイド&アウトサイド系キック

## 02 インサイドライナー

中・長距離のパスを出すときに、強く正確なライナーできれば、パスの選択肢は大きく広がる。ピッチをクなプレーを生み出す、このキックは司令塔の必須

### ボールのインパクト

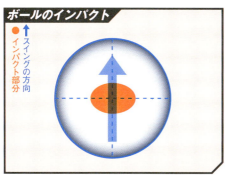

### 足のインパクト

## 後ろからのアングル

### 1 アプローチ

**1** ボールを蹴る前に目標地点をしっかりと確認する。蹴り足の前にボールを置いて、後ろからまっすぐに入る。

### 2 バックスイング

**2** 軸足はグラウンダーのときよりも、少しだけボールから離す。飛距離によってバックスイングは調整する。

### 3 インパクト

**3** 足の内側でボールの中心に当てる。足の地面に近い位置から突き上げるように進入させると浮き球になる。

### 1 アプローチ

### 2 バックスイング

### 3 インパクト

## 正面・斜めからのアングル

# CHAPTER 2

## [基本編]

## ナー

性のボールを蹴ることが
大きく使ったダイナミッ
テクニックだ。

### このキックの名手

**シャビ・アロンソ**
スペイン

**ピケ**
スペイン

**内田篤人**
日本

### このキックの要素と特徴

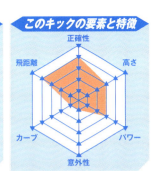

### ◀ ボールの中心に対し、下〜上のイメージで

ボールのインパクト部分はグラウンダーと同じく真ん中。ただし、ボールを浮かせる分、足の進入角度がわずかに変わってくる。グラウンダーは足をまっすぐ運び、そのまま当てるが、ライナーを蹴るときは地面に近い位置から入り、下から軽く突き上げるようにする。

### このキックを使用する状況

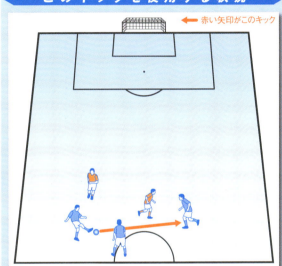

← 赤い矢印がこのキック

### 1人飛ばしのパスやサイドチェンジ向き

ボールが地面を転がらない分、スピードが落ちにくいのがこのキックの特徴だ。そのため、最も近くにいる味方を飛ばして、その奥にいる味方にパスを出したいときや、狭いところでのボール回しから広いスペースに展開したいときなど、中・長距離の状況で使われる。

### 4 フォロースルー

**4** インパクトのパワーをボールにしっかりと伝えるために、蹴った後は蹴り足をまっすぐに振り抜くこと。

**4** フォロースルー

### キック博士 浅井武のワンポイント解説

**足の進入角度とボールの角度**

足の進入角度とボールの飛び出す角度には密接な関係がある。このように足を低い位置から運んで、インサイドの面が少し上を向いた状態でボールをとらえると、上方向へのパワーが加わって浮き球になる。

インサイド&アウトサイド系キック [基本編] —— インサイドライナー

043

# インサイド&アウトサイド系キック

## 03 インサイドカーブ

スルーパスやサイドチェンジなどで、目的地点への手）があるときに使われるキック。ボールにカーブ相手選手にインターセプトされずに、目的地点へ

### ボールのインパクト

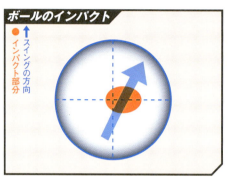

- スイングの方向
- インパクト部分

### 足のインパクト

- インパクト部分

## 後ろからのアングル

| 1 アプローチ | 2 バックスイング | 3 インパクト |
|---|---|---|
|  |  |  |
| ① ボールに対してナナメ後ろの位置からアプローチ。カーブをかけて目的地点（味方選手やスペース）へパスを出したい。 | ② 軸足をボールの少し手前に踏み込んで、蹴り足を振り上げる。手でバランスを保ちながら左側に重心を傾ける。 | ③ 足の内側でボールにミートする。ボールの中心よりもやや右側に当てて、蹴った後にナナメに振り抜く。 |

| 1 アプローチ | 2 バックスイング | 3 インパクト |
|---|---|---|
|  |  |  |

## 正面・斜めからのアングル

# CHAPTER 2

## [基本編]

# ラウンダー

コース上に障害物（他選手）をかけることによって、ボールを届けられる。

### このキックの名手

**ランパード**
イングランド

**ジェラード**
イングランド

**長谷部誠**
日本

### このキックの要素と特徴

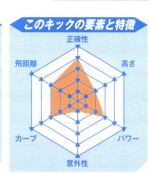

### ▶ 蹴った後に蹴り足をナナメに振り抜く

ボールに当てる足の部分は他のインサイドキックと同様だが、ボールのインパクト部分は中心よりもやや右側。その部分に対し、足をナナメ上に振り抜きカーブ回転をかける。カーブをかけようとするあまり、ツマ先に近いところで蹴る人もいるが、それではボールにパワーが伝わらない。

**4 フォロースルー**

**4** ナナメに振り抜いた分、フォロースルーの足がストレートボールよりも高い位置に来ていることがわかる。

**4 フォロースルー**

### このキックを使用する状況

← 赤い矢印がこのキック

#### カーブをかけてスルーパスを通す

ゴール前でスルーパスを通したいが、味方と自分の間に相手選手が立っている。そんな状況でも、カーブをかけて相手選手を避ける軌道にすることで、カットされずにつなぐことができる。グラウンダーのため、パスの受け手もトラップしやすい。

### キック博士 浅井武のワンポイント解説

**軸足を置く位置を手前に調整する**

軸足をボールの手前に置くことには、蹴り足と軸足の空間を作ることで、ナナメに振り抜きやすくする効果がある。キックの種類、距離、カーブの有無などによって軸足の最適な位置を追求していこう。

インサイド&アウトサイド系キック [基本編] —— インサイドカーブグラウンダー

045

インサイド＆アウトサイド系キック

# 04 インサイドカーブ

ライナー性のカーブボールは、グラウンダーのカー
要なとき、たとえばサイドからクロスを上げるとき
避けて、長い距離をスムーズに正確に通せるのがこ

## ボールのインパクト

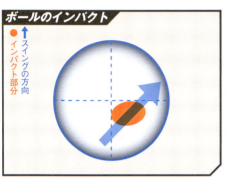

↑スイングの方向
●インパクト部分

## 足のインパクト

●インパクト部分

## 後ろからのアングル

| 1 アプローチ | 2 バックスイング | 3 インパクト |

**1** ボールのナナメ後ろからアプローチする。助走でスピードをつけて、パワーを持った状態を作る。

**2** 軸足をボールの横に踏み込み、左側に体重を傾かせる。ムチのイメージでしっかりとバックスイングする。

**3** ミートする場所はボールの右下。足の内側でボールをとらえて、ナナメに蹴り足を抜きながら蹴る。

| 1 アプローチ | 2 バックスイング | 3 インパクト |

## 正面・斜めからのアングル

# CHAPTER 2

## [基本編]

## ライナー

ブよりも長い飛距離が必などに使われる。相手をのキックの利点だ。

### このキックの名手

**シャビ・アロンソ**
スペイン

**ピルロ**
イタリア

**ダニエウ・アウベス**
ブラジル

### このキックの要素と特徴

正確性／高さ／パワー／意外性／カーブ／飛距離

### ◀ インパクトの中心はボールの右下

足を当てるのはボールの右下あたり。グラウンダーのカーブよりも低い場所にインパクトする。蹴り足の動きはグラウンダーカーブと同様で、足の内側に当てながらナナメ方向のパワーを与えれば良い。ただし、最初から足を振り抜くことを意識し過ぎると、ボールスピードが落ちてしまう。

### このキックを使用する状況

← 赤い矢印がこのキック

### ボランチからのサイドチェンジ

最も用途が多いのはサイドチェンジだろう。ボランチの位置でボールを持った選手が、逆サイドでフリーになっている味方へパスを出すとき、カーブをかけたライナー性のボールを蹴る。インサイドキックの正確性を活かして、相手を避けたセーフティな展開が可能。

**4 フォロースルー**

**4** 鋭くカーブがかかったボールが飛んでいく。腰の回転を使っているので、フォロースルーも大きくなる。

**4 フォロースルー**

### キック博士　浅井武のワンポイント解説

**インパクトの中心を真ん中からずらす**

カーブキックにはインパクトをボールの中心から少しずらす方法と、ボール表面と蹴り足との摩擦力を使う方法の2つがある。インパクトをずらす方法のほうが、効果的にボールに回転を与えられる場合が多い。

インサイド&アウトサイド系キック［基本編］——インサイドカーブライナー

# インサイド&アウトサイド系キック

## 05 インサイドボレー

正確性が高いインサイドキックは、パスだけでなくも多く用いられる。ゴール前に上がってきたクロスコースを狙って押し込む技術は、得点機における最

### ボールのインパクト

↑スイングの方向
● インパクト部分

### 足のインパクト

● インパクト部分

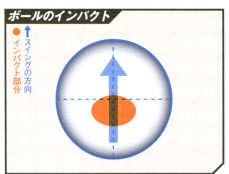

## 後ろからのアングル

| 1 アプローチ | 2 バックスイング | 3 インパクト |
|---|---|---|

**1** 右サイドから浮き球のボールが向かってくる。足を振り抜くための前方のスペースを確保して待つ。

**2** シュートポイントに来るまで引きつける。ボールをよく見ながらバックスイングをし、キック体勢へ。

**3** 足の内側でボールの真ん中より下側をミートする。ボールの真下を叩くとふかしてしまうので気をつけること。

| 1 アプローチ | 2 バックスイング | 3 インパクト |
|---|---|---|

## 正面・斜めからのアングル

# CHAPTER 2

## [ 基本編 ]

実はシュートのシーンで〔略〕をインサイドボレーで〔略〕重要ポイントだ。

### このキックの名手

**アンリ**
フランス

**イブラヒモビッチ**
スウェーデン

**ファン・ニステルローイ**
オランダ

### このキックの要素と特徴

正確性／高さ／パワー／意外性／カーブ／飛距離

### ▶ ボールの中心よりやや下を叩く

インパクトはキックの方向に合わせて、ボールの中心から上下に微調整する。下を蹴り過ぎるとふかしてしまうし、上から叩き過ぎるとボテボテになってしまうので気をつけよう。ボールに当てる場所は他のインサイドキックと同様に足の内側だが、蹴った後のフォロースルーは最小限に留めること。

### このキックを使用する状況

← 赤い矢印がこのキック

### ゴール前・至近距離からのシュート

ゴール前でクロスボールをフリーで受けて、確実にゴールに押し込みたい場面でよく使われる。インステップのようなスピードは出ないが、コントロールは利きやすい。GKの動きをよく見てから、まさしく「ゴールにパスをする」イメージでシュートを打つ。

### 4 フォロースルー

4 フォロースルーはとらず、蹴った後は蹴り足をピタッと止めるイメージ。キック方向に体はまっすぐに向く。

4 フォロースルー

### キック博士 浅井武のワンポイント解説

**ボールと蹴り足の反発力が関わる**

ボレーキックにはボールと蹴り足の反発力が大きく関わってくる。クロスが強ければ当てるだけでも強いシュートが飛ぶが、弱いときはインパクトで軽く蹴り足を振ってパワーを加える必要がある。

インサイド＆アウトサイド系キック [ 基本編 ] —— インサイドボレー

# インサイド&アウトサイド系キック

## 06 アウトサイドグラ

足の内側を使うインサイドに対し、足の外側で低く このキックだ。小さな動作で蹴れるため、タイミン れづらく、密集した状況やドリブル中にパスを出す

### ボールのインパクト

● スイングの方向
● インパクト部分

### 足のインパクト

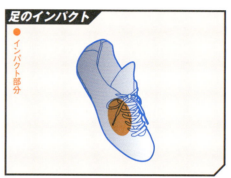

● インパクト部分

## 後ろからのアングル

### 1 アプローチ

**1** ボールのナナメ後ろから助走をスタート。ドリブル中の場合はボールを蹴り足の前に軽く蹴り出す。

### 2 バックスイング

**2** 軸足の位置はボールのナナメ後ろ。バックスイングをして、ボールの内側から蹴り足を回し込んでいく。

### 3 インパクト

**3** ヒザから下を素早く振って、ボールの中心からやや左下に当てる。足首を内側に曲げてしっかりと固定すること。

### 1 アプローチ

### 2 バックスイング

### 3 インパクト

## 正面・斜めからのアングル

## [基本編] ウンダー

転がるボールを蹴るのがグやボールの方向を読まのに向いている。

### このキックの名手
**メッシ** アルゼンチン
**イニエスタ** スペイン
**香川真司** 日本

### このキックの要素と特徴

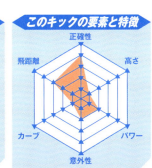

正確性／高さ／パワー／意外性／カーブ／飛距離

### 足の外側で面を作って押し出す

インパクト部分はボールの中心よりもやや左下。足の甲の外側で面を作り、その部分を押し出すように蹴る。足首をしっかりと固定しないと、コントロールがブレたり、パスが弱くなったりするので注意しよう。コンパクトなモーションで蹴ると相手に読まれにくい。

### このキックを使用する状況

← 赤い矢印がこのキック

#### 4 フォロースルー

**4** 小指が地面を"擦る"イメージでフォロースルー。足から離れたボールが、ピッチを滑るように転がる。

#### 4 フォロースルー

### ドリブルからのワンツー突破

ドリブルからのワンツー突破に最適なキックだ。コンパクトなモーションで蹴れるため、相手を十分に引きつけてからパスを出せる。

また、キックのフォームが走るフォームとほとんど変わらないので、ボールの蹴り足を地面に着くと同時に自然に走り出せる。

### キック博士 浅井武のワンポイント解説

**同じ姿勢で様々な方向に蹴れる**

アウトサイドキックはヒザから下の動きでボールの方向が決まる。同じ姿勢のまま、蹴り足を横に振るか、ナナメに振るかでボールが出る方向を変えることができるため、相手にとって読みにくい。

## インサイド&アウトサイド系キック
# 08 アウトサイドライ

雨でのぬかるみや、デコボコのあるピッチでは、ボー
すと、思わぬバウンドやスピードの減速など不測な
なときは素早い動作でライナー性のボールを蹴れる

### ボールのインパクト
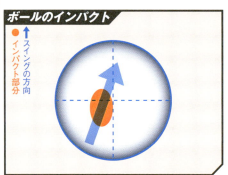
スイングの方向
インパクト部分

### 足のインパクト
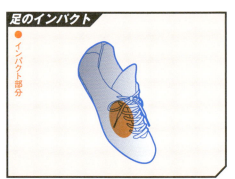
インパクト部分

## 後ろからのアングル

| 1 アプローチ | 2 バックスイング | 3 インパクト |
|---|---|---|
|  |  |  |
| **1** ナナメ後ろからボールに向かっていく。足のスイングが窮屈にならないように助走のスピードと歩幅を調節する。 | **2** 軸足をボールのやや後ろに踏み込み、足首を固めながら蹴り足を振り上げる。両腕を広げてバランスをとること。 | **3** 足の甲の外側でボールの左下を厚めにインパクト。上体を傾けて、体全体のパワーを乗せる。 |

| 1 アプローチ | 2 バックスイング | 3 インパクト |
|---|---|---|
|  |  |  |

## 正面・斜めからのアングル

# CHAPTER 2

## [基本編]

ナー

ルをグラウンダーで転が
トラブルが増える。そん
このキックが便利だ。

### このキックの名手

**ロシツキー**
チェコ

**ファン・デル・ファールト**
オランダ

**中村俊輔**
日本

### このキックの要素と特徴

（レーダーチャート：正確性／高さ／パワー／意外性／カーブ／飛距離）

### ▶ 蹴り出した方向に まっすぐ振り抜く

ボールのインパクト部分は、中心から左下にややずれたところ。足の当てる部分はグラウンダーと同様に、足の甲の外側部分。足首を内側に曲げて固定して、面を作って当てる。インパクト後は、蹴り出した方向へまっすぐに押し出すイメージで振り抜く。

### 4 フォロースルー

▶ インパクトした足を、蹴り出した方向にまっすぐに押し出す。押し出すパワーがなければボールが浮いてくれない。

▶ フォロースルー

### このキックを使用する状況

← 赤い矢印がこのキック

### プレッシャーを受けた状態でのミドルパス

ボールを持った選手が相手にプレッシャーを受けた状態で、中盤からサイドや前線にミドルレンジのパスを狙う場面。インサイドではモーションが大きくてブロックされる可能性があるが、アウトサイドならば相手に蹴るタイミングを読まれずに通すことができる。

### キック博士 浅井武のワンポイント解説

**体全体でボールを押し出すように蹴る**

キックの基本は股関節→膝関節→足関節と蹴り足のパワーを伝えることだが、このキックはほとんどヒザ下の小さな振りだけで蹴るため、蹴り出した方向に体重移動しながら押し出すことが大切になる。

インサイド&アウトサイド系キック [基本編] —— アウトサイドライナー

# インサイド&アウトサイド系キック

## 08 アウトサイドカーブ

足の外側を使ってボールに回転を与え、カーブをか（け）の度合いを自在に調整できれば、前線の味方が受ける相手をあざ笑うかのような軌道のスルーパスが演（出できる）

### ボールのインパクト

● インパクト部分　↑スイングの方向

### 足のインパクト

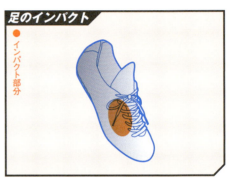

● インパクト部分

## 後ろからのアングル

### 1 アプローチ

**1** スタート位置はボールのナナメ後ろ。カーブの軌道をイメージしながら、ボールに目線を移してキック体勢へ。

### 2 バックスイング

**2** ボールのやや後ろに軸足を踏み込んで、蹴り足はツマ先を内側に向けた状態で固定して、テイクバックする。

### 3 インパクト

**3** ヒザから下を素早く振り抜き、ボールの中心よりやや左側を足の甲の外側でインパクトする。

## 正面・斜めからのアングル

### 1 アプローチ

### 2 バックスイング

### 3 インパクト

# CHAPTER 2

## [基本編]

## ラウンダー

けるこのキック。カーブやすく、ディフェンスす出できる。

### このキックの名手

**シルバ** スペイン

**エジル** ドイツ

**リケルメ** アルゼンチン

### このキックの要素と特徴

正確性／高さ／パワー／意外性／カーブ／飛距離

### ◀ ボールを"切る"イメージで振り抜く

インパクト部分は他のアウトサイドキックと同じだが、カーブを強めにかけたいときは足首に近いところを使う。蹴った後はボールを"切る"イメージで、ボールの方向とは逆側にナナメに振り抜く。インパクトの面積が小さいと、スピードが遅くなるので気をつけよう。

### ◀ このキックを使用する状況

← 赤い矢印がこのキック

**4 フォロースルー**

**4** ボールを蹴り出す方向とは逆側に、ナナメに足を振り抜き、カーブ回転をかける。ボールを"切る"イメージで。

### ▶ 前線のFWへ必殺の"キラーパス"

中盤で前を向いてボールを持った選手の前方には、裏のスペースへ走ろうとしている味方FWとそれをマークする相手DF。相手に向かっていくような軌道から、カーブがかかったボールは方向を変えて味方の足元へ。一蹴りで決定的なシーンを作り出すことができる。

**4 フォロースルー**

### キック博士 浅井武のワンポイント解説

**雨の日は摩擦力が下がる**

雨の日はボールとシューズが濡れた状態になるので、摩擦力が下がり、こすり上げるキックでカーブをかけるのは難しくなる。雨の日は晴れの日よりもボールにしっかりとミートすることを心掛けたい。

## インサイド&アウトサイド系キック［基本編］――アウトサイドカーブグラウンダー

インサイド&アウトサイド系キック

# 09 アウトサイドカーブ

パスコース上にいる相手の頭上を通して、裏のスペースに流し込みたい。モーションの小さいアウトサイドキックでカーブする事で、瞬間的な飛び出しに反応でき、FWの持ち味も最大限に生きる。

## ボールのインパクト

- インパクト部分
- ↑ スイングの方向

## 足のインパクト

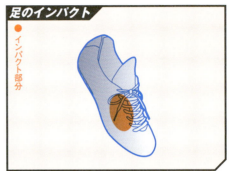

- インパクト部分

## 後ろからのアングル

| 1 アプローチ | 2 バックスイング | 3 インパクト |

1. ボールのナナメ後ろの位置からアプローチ。キックする前にボールのコースを頭の中でイメージしておく。

2. ボールの半個分後ろの位置に軸足を踏み込みキック体勢に入る。テイクバックでしっかりと力を溜めて……。

3. 足首を内側に曲げて、フラットな面を作り、ボールの下部にぶつけるように思い切りインパクトする。

| 1 アプローチ | 2 バックスイング | 3 インパクト |

## 正面・斜めからのアングル

# CHAPTER 2

## [基本編] ライナー

スペースへボールを送る。伸びる浮き球を蹴れれば、瞬時に引き出せる。

### このキックの名手

**C・ロナウド**
ポルトガル

**ルーニー**
イングランド

**本田圭佑**
日本

### このキックの要素と特徴

（正確性／高さ／飛距離／パワー／カーブ／意外性）

### このキックを使用する状況

← 赤い矢印がこのキック

▶ **アウトサイドの面全体でミートする**

ボールのインパクト部分は「アウトサイドカーブグラウンダー」よりも下げたところ。足のインパクト部分は足の甲の外側。アウトサイドはインサイドよりも足に当たる面積が小さいため、面全体でミートしなければボールに勢いが出ないので気をつけよう。

**4 フォロースルー**

**4** インパクトと同時に蹴り足を右ナナメ上に思い切り振り抜く。カーブ回転がかかったボールが右前方へ飛ぶ。

**4 フォロースルー**

### 裏のスペースへ送る

DFラインの背後に走り込んだFWや、スペースへ上がってきたサイドバックの前方のスペースへ、相手の頭の上を越してボールを通したい場面で使われる。クリアしようとジャンプする相手の上を越えればしめたもの。味方はフリーでパスを受けることができる。

### キック博士 浅井武のワンポイント解説

**足の体力を消耗するキック**

このキックはインパクトとフォロースルーで、瞬間的に大きなパワーを必要とするため「足の体力」を消耗する。1試合に連続して何本も蹴ると、キック精度に影響するため、ここぞの場面でこそ狙いたい。

インサイド＆アウトサイド系キック【基本編】──アウトサイドカーブライナー

[基本編] [実践編] インサイド&アウトサイド インステップ インフロント&アウトフロント その他キック

## インサイド&アウトサイド系キック

# 10 アウトサイドボ

クロスボールをゴールに叩き込むのに最適なテクニッ
パクトの角度でコースが変わるため、GKにとっては
みにくい。ボールの落下地点を見極め、的確にコース

### ボールのインパクト
● インパクト部分
↑ スイングの方向

### 足のインパクト
● インパクト部分

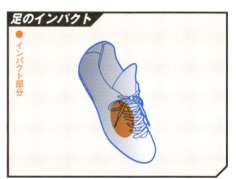

## 後ろからのアングル

| 1 アプローチ | 2 バックスイング | 3 インパクト |

**1** ボールをしっかりと見て、落下地点とインパクトのタイミングを計りながら、シュート体勢を作って準備する。

**2** ボールの落下地点より少し後ろになるように軸足を踏み込む。ボールの高さに合わせて蹴り足のヒザの高さを調節。

**3** 自分の蹴りやすい場所に来たところで、蹴り足を前に振りインパクト。コンパクトなスイングを心掛ける。

| 1 アプローチ | 2 バックスイング | 3 インパクト |

## 正面・斜めからのアングル

# CHAPTER 2

## [基本編]

## レー

ク。アウトサイドはインどこに打ってくるのか読を打ち分けよう。

### このキックの名手

**イブラヒモビッチ**
スウェーデン

**フォルラン**
ウルグアイ

**ジェラード**
イングランド

### このキックの要素と特徴

正確性／高さ／パワー／意外性／カーブ／飛距離

### ◀ 足首を固定して足の角度を決める

足のインパクト部分は、他のアウトサイドキックと同様に足の甲の外側。ボールの中心よりやや左下を狙って当てる。当てる足の面の角度が変わってしまうと、ボールのコースにも大きく影響するので、インパクト時には足首をしっかりと曲げて固定しなければいけない。

### 4 フォロースルー

◀ 足の振り方によってコースは変わる。まっすぐに打ち返せば左側、こするように蹴れば右側に飛んでいく。

### 4 フォロースルー

### このキックを使用する状況

← 赤い矢印がこのキック

### クロスボールをダイレクトボレー

ゴール前に上がったクロスに対して、トラップする時間がないときや、GKのタイミングをずらしてシュートを打ちたいときに使うと効果的。飛んできたボールの反発力で、軽く当てるだけでも飛距離が出るので、ペナルティーエリアの外からでも狙える。

### キック博士 浅井武のワンポイント解説

**ヒザを柔らかく曲げてミス予防**

ボレーキックはインパクトの際に足を高く上げた「片足立ち」の状態になるので、バランスが崩れやすい。軸足のヒザをしっかり曲げて、体がぶれないようにすることでコントロールミスを防げる。

インサイド&アウトサイド系キック［基本編］──アウトサイドボレー

059

# インサイド&アウトサイド系キック

## Sインサイドシュー（ストロング）

パワーではなく、確かな技術が生む、強インサイドトでは通常、飛距離の出づらいとされるインサイドがのスイングでしっかりと体重を乗せれば正確で強力な

### ボールのインパクト
● インパクト部分
↑ スイングの方向

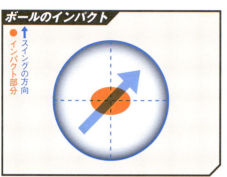

### 足のインパクト
● インパクト部分

## 後ろからのアングル

**1 アプローチ**

1 ペナルティーエリアのナナメ45度の角度からドリブルでゴールに向かっていく。ファーのコースを狙いたい。

**2 バックスイング**

2 キック方向（目標）にツマ先を向けて軸足を踏み込み、しっかりとヒザを曲げてテイクバック。

**3 インパクト**

3 両腕を広げてバランスをとりながら、足首の内側の広い面でボールの中心をしっかりとインパクトする。

## 正面・斜めからのアングル

**1 アプローチ**

**2 バックスイング**

**3 インパクト**

# CHAPTER 2

## [実践編]

## Sインサイドシュート（ファー）

ト（ファー）キック。遠目からのシュー敬遠される。しかし、足シュートが可能。

### このキックの名手
- トーレス スペイン
- アグエロ アルゼンチン
- ベンゼマ フランス

### このキックの要素と特徴
（正確性・高さ・パワー・意外性・カーブ・飛距離のレーダーチャート）

### 蹴り方は普通のキックと同じ

インサイドキックと同様にボールの中心を、まっすぐに振り抜くのが基本。足先だけのキックではなく、大きなモーションで体のエネルギーを効果的に伝える足のスイング技術が不可欠となる。慣れれば、ボールの中心より上を蹴って低く、中心より下を蹴って高く、と打ち分けも可能だ。

### このキックを使用する状況

← 赤い矢印がこのキック

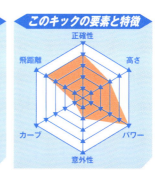

### ファーに正確に打ち込む

ゴール前、ナナメ45度の角度から、ファーサイドにシュートを打つ場面が使いどころ。GKがゴールの中央にポジションをとっている場合、単純に強いシュートを打ってもセーブされるのがオチ。空いているコースに正確に打ち込むためにインサイドを活用しよう。

**4 フォロースルー**

4 蹴り足は蹴り出した方向に押し出すような感覚で振り抜く。体重の乗ったシュートがファーサイドに飛んでいく。

**4 フォロースルー**

### キック博士 浅井武のワンポイント解説

**「足首だけ」で蹴るのは×**

ヒザから下だけを振る足のスイングではなく、大きく股関節を開いて体全体で強くボールを送り出すイメージが大切。足首には強い負荷がかかるため、しっかりと力を入れて固定しておこう。

インサイド&アウトサイド系キック【実践編】

## インサイド&アウトサイド系キック

### 12 Ｓインサイドシュート

軸足と体はファーサイドに向けながら、インパクトでニアサイドにコースを変えるインサイドでの強シュート。釣られれば、ＧＫの反応が一瞬遅れるので、ゴール

**ボールのインパクト**

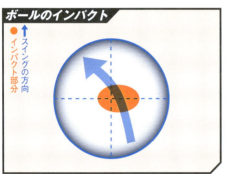

●インパクト部分
↑スイングの方向

**足のインパクト**

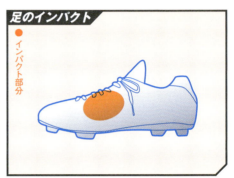

●インパクト部分

### 後ろからのアングル

| 1 アプローチ | 2 バックスイング | 3 インパクト |
|---|---|---|
|  |  |  |
| ①ペナルティーエリアのナナメ45度の角度からドリブルでゴールに向かっていく。ニアのコースを狙いたい。 | ②体全体を大きく使ってシュート体勢に入る。この段階では上体と軸足のツマ先がファーの方向を向いている。 | ③体を外側から内側にひねりながら、ボールの中心より右側をとらえる。両腕を広げて上体のバランスを保つ。 |

### 正面・斜めからのアングル

| 1 アプローチ | 2 バックスイング | 3 インパクト |
|---|---|---|
|  |  |  |

CHAPTER 2

## ［実践編］

ト（ニア）の瞬間に腰をひねりニアに。直前のモーションでファーが決まりやすくなる。

### このキックの名手
**ネイマール** ブラジル
**ミリート** アルゼンチン
**香川真司** 日本

### このキックの要素と特徴

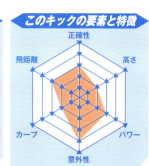

### ▶ 左方向に引っ張るイメージで振り抜く

足の当てる部分はファーサイドに打つときと一緒だが、体を外側に開いた状態から内側に蹴る分、ボールのインパクト部分は中心よりも少し右側となる。左方向に引っ張るように振り抜いて打つが、ボールをしっかりとゴール方向に送り出せるように、足のスイング角度で調整しよう。

### このキックを使用する状況

← 赤い矢印がこのキック

### ファーと見せかけてニアに打つ

ペナルティーエリア内に、左45度の角度から侵入し、シュートを打つ場面で使用する。体と軸足のツマ先をファーサイドに向けて、GKの意識をファー側に引きつける。動作を止めずに、そのままニアに速いボールを蹴ることでGKの反応を遅らせられる。

**4 フォロースルー**

4 体を内側に閉じるように巻き込みながら、しっかりとフォロースルー。ニアに向かって速いボールが飛んでいく。

**4 フォロースルー**

### キック博士 浅井武のワンポイント解説

**股関節を閉じるエネルギーをぶつける**

このキックでは、股関節を開いた状態から閉じることによって発生するエネルギーをボールにぶつけている。閉じ切った後に打ってもシュートスピードは出ないので、一連の動作の中で打とう。

インサイド&アウトサイド系キック【実践編】── Sインサイドシュート（ニア）

# インサイド&アウトサイド系キック

## 33 チェンジアップインサイド

遠藤保仁の得意技「コロコロPK」などに代表されまで相手の動きを見て蹴るキック。キックの正確性動作を引き出して、瞬時に判断し、それに対応でき

### ボールのインパクト

↑スイングの方向
● インパクト部分

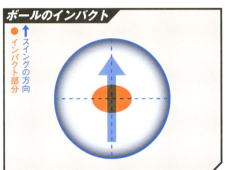

### 足のインパクト

● インパクト部分

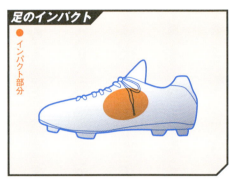

## 後ろからのアングル

| 1 アプローチ | 2 バックスイング | 3 インパクト |
|---|---|---|
|  |  |  |
| **1** GKの動きを見ながら助走する。自分の歩幅やボールとの距離を、GKの動きを引き出すように調整する。 | **2** 軸足をボールの真横に踏み込み、蹴り足を振り上げる。バックスイングをしながら、GKの重心を注視。 | **3** GKが飛んだ、あるいは体重を乗せたほうと反対側のコースを狙って、インサイドでボールの中心を蹴る。 |

| 1 アプローチ | 2 バックスイング | 3 インパクト |
|---|---|---|
|  |  |  |

## 正面・斜めからのアングル

# [実践編]

## (コロコロPK)

る、ボールを見ずに最後はもちろん、GKの予備る総合的な力が必要。

### このキックの名手

**遠藤保仁**
日本

**シャビ**
スペイン

**ピルロ**
イタリア

### このキックの要素と特徴

正確性／高さ／パワー／意外性／カーブ／飛距離

### ◀ インサイドキックと全く同じだが……

蹴り方は通常のインサイドキックと同様。ただし、通常はコースを決めて軸足を踏み込むが、このキックでは軸足をついてからコースを判断する。ボールを見ずに、正確にインパクトする技術が必要となる。GKの動きに集中しながら、左右に蹴り分けができてこそ成り立つものだ。

### このキックを使用する状況

← 赤い矢印がこのキック

### ④ フォロースルー

▶ 蹴った後はまっすぐに蹴り出した方向へ押し出す。コロコロと地面を転がったボールがゴールネットへ。

▶ フォロースルー

### 基本的にはPK専用のキック

完全に顔を上げた状態でボールを蹴るには、ボールの位置が固定されている必要がある。その点では、PKのシーンに限定されるキックといえるだろう。GKが先を読んで飛ぶタイプの場合は、重心の逆を突けばコロコロとゆっくり転がるボールでも決まってしまう。

### キック博士 浅井武のワンポイント解説

**自分のポイントを見つける**

ボールがココにあれば思ったところに蹴れるという自分のポイントを持っていることが大事になる。これは軸足、蹴り足、ボールの適切な距離を普段から意識しながら練習することで身につく。

## CHAPTER 2

インサイド&アウトサイド系キック [実践編] ── チェンジアップインサイド (コロコロPK)

## インサイド&アウトサイド系キック

# 34 インサイドフリッ

インサイドキックを体の後ろで行なうインサイドフ
たまま自分の背後にボールを送れる便利な技。プレッ
リアや、ゴール前の密集地帯では、このトリッキーな

### ボールのインパクト

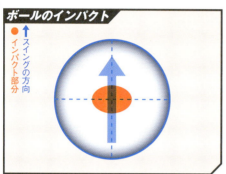

↑スイングの方向
●インパクト部分

### 足のインパクト

●インパクト部分

## 後ろからのアングル

| 1 アプローチ | 2 バックスイング | 3 インパクト |
|---|---|---|
|  |  |  |
| ① グラウンダーのボールが足下へ送られる。軸足のヒザを柔らかく曲げて、軽く前傾姿勢になりながら迎える。 | ② ボールに触らず、軸足の横を通過させる。蹴り足を外側に開いて、インパクトのタイミングを測って……。 | ③ 体からボール1個分ぐらい後ろに来たところで、蹴り足を横に振ってボールの中心をインパクトする。 |

| 1 アプローチ | 2 バックスイング | 3 インパクト |
|---|---|---|
|  |  |  |

## 正面・斜めからのアングル

# CHAPTER 2

## [実践編]

リックは、体を前に向けシャーの厳しい中盤のエ技が効果を発揮する。

### このキックの名手

**イニエスタ**
スペイン

**リベリ**
フランス

**カカ**
ブラジル

### このキックの要素と特徴

正確性／高さ／パワー／意外性／カーブ／飛距離

### ◀ インサイドの延長上で正確にインパクトする

フリックのような変則的なテクニックこそ、基本に忠実なインパクトが必須。軸足の後ろで触るため、体の前で蹴るときに比べて、インパクトがずれやすい。あくまでもインサイドキックの延長上にあるテクニックとして、正確にインパクトすることを心掛けたい。

### このキックを使用する状況

← 赤い矢印がこのキック

### 厳しい状況を逆手に取る

味方からのパスが弱く、トラップしたらボールを奪われそうな状況や、自分の後ろに走り込む味方にダイレクトでパスを出したいときなどに使う。体の向きと別の方向にパスを出せるため、悟られずに一気に展開を変え、相手を混乱に陥れることができるのだ。

### 4 フォロースルー

**4** 蹴り出した方向にコンパクトにフォロースルー。ボールの方向を見ずに、ノールックでやると効果的だ。

**4** フォロースルー

### キック博士 浅井武のワンポイント解説

**軸足を前に踏み込みヒザを柔らかく曲げる**

軸足を前に踏み込んでおけば、タッチしたボールが自分の軸足に当たるミスを防げる。蹴り足を横に振る動作は、体の構造的にバランスを崩しやすいので、軸足のヒザをしっかりと曲げて柔らかく使おう。

インサイド&アウトサイド系キック【実践編】── インサイドフリック

## インサイド&アウトサイド系キック

## 35 アウトサイドフ

アウトサイドフリックはボールをアウトサイドでニック。周囲にいる味方にパスを出すのではなく、かしたままコースだけを変え、ボールを流しながら

### ボールのインパクト

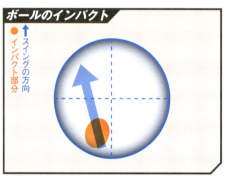

↑スイングの方向
● インパクト部分

### 足のインパクト

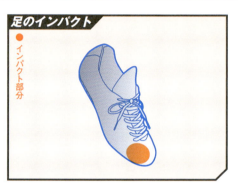

● インパクト部分

### 後ろからのアングル

| 1 アプローチ | 2 バックスイング | 3 インパクト |
|---|---|---|
|  |  |  |
| ① 自分に対しグラウンダーの縦パスが向かってくる状況。パスを出す前に味方と相手のポジションを確認する。 | ② 相手にパスを出すことを悟られないよう、キックモーションは最小限にすること。小さくテイクバックして……。 | ③ 右足のアウトサイドのツマ先に近いところで、擦るような感覚でボールの下をチョンとタッチする。 |

| 1 アプローチ | 2 バックスイング | 3 インパクト |
|---|---|---|
|  |  |  |

### 正面・斜めからのアングル

CHAPTER 2

## ［実践編］

# フリック

"擦る"ように扱うテク 受けたボールの勢いを活 つなぐための技術だ。

### このキックの名手
**テベス** アルゼンチン
**エトー** カメルーン
**佐藤寿人** 日本

### このキックの要素と特徴

（正確性／高さ／パワー／意外性／カーブ／飛距離）

### このキックを使用する状況

← 赤い矢印がこのキック

**クサビのパスからワンツー突破につなげる**

前線でマークされた選手がパスを受けて、近くの味方にパスを出すときに使われる。イレギュラーバウンドのように急激に方向が変わるため、相手がボールを目で追ってしまい、パスを出した選手がフリーになりやすい。スピードやテクニックのある選手が得意な技だ。

### ◀ 擦るイメージでインパクトする

足を当てるのはボールの左下の低いところ。後方にボールを流すときは、ツマ先に近いところで、「ミートする」というよりも「擦る」ような感覚でタッチするとうまくいく。横方向に蹴りたいときは、通常のアウトサイドと同様に足の甲の外側部分でタッチする。

**4 フォロースルー**

**4 フォロースルー**

**4 フォロースルーもほとんどとらない。足に当たってコースが変わったボールが後方の味方の元へ。**

### キック博士 浅井武のワンポイント解説

**慎重かつ繊細なタッチが不可欠**

ボールに当たる足の面積が小さいということは、必然的にキックの確実性は落ちる。この場合、ボールのミートポイントを外せば、狙い通りのところに飛ばない。慎重かつ繊細なタッチが求められる。

インサイド＆アウトサイド系キック【実践編】——**アウトサイドフリック**

インサイド&アウトサイド系キック

## 16 アウトサイドカンフ

後方から飛んでくる浮き球をまるで中国武術"カン
アウトサイドで下から跳ね上げる。視野の外からフ
よって、相手の頭の上を抜き、スペースや味方に届

### ボールのインパクト

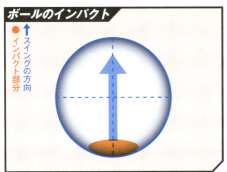

↑スイングの方向
●インパクト部分

### 足のインパクト

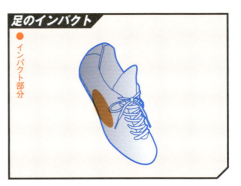

●インパクト部分

## 後ろからのアングル

### 1 アプローチ

**1** 浮き球が向かってくる。ボールの落下地点を素早く見つけて、体をリラックスさせた状態で待ち構える。

### 2 バックスイング

**2** 体をナナメに倒して、軸足でバランスを保ちながら、蹴り足を持ち上げる。ボールを最後までよく見て……。

### 3 インパクト

**3** 蹴り足のアウトサイドを高く上げて、腰の高さぐらいの位置でインパクト。ボールの底の部分に当てる。

### 1 アプローチ

### 2 バックスイング

### 3 インパクト

## 正面・斜めからのアングル

# CHAPTER 2

## [実践編]

## 一・ループ

"フー"の蹴り技のように、ワッと弧を描くボールにけることができる。

### このキックの名手

**シャビ**
スペイン

**イニエスタ**
スペイン

**イブラヒモビッチ**
スウェーデン

### このキックの要素と特徴

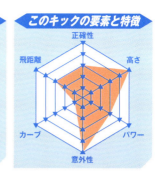

### 足の硬い部分で弾くように蹴る

空中にあるボールの"底"を、足の外側の骨が出っ張っている部分(くるぶし下部)で、突き上げるようにミートする。インパクトする際、足首を腰の高さまで水平に持ち上げるイメージで行なうとボールに当たる面積が大きくなり、狙い通りの場所へ飛ばせるようになる。

### このキックを使用する状況

← 赤い矢印がこのキック

### 浮き球から1発スルーパス

相手DFライン付近に位置しているときに、浮き球を処理して、裏のスペースにワンタッチで送りたい。そんな場面が狙いどころ。トラップする→前を向く→パスを出す3段階の工程を一気に省略して、1発で頭上からラインを突破する意外性満点のプレーとなる。

### 4 フォロースルー

4 蹴った後は軽くボールを背中側に送り出すように体をナナメに倒してボールの"通り道"を作る。

### 4 フォロースルー

### キック博士 浅井武のワンポイント解説

### 予備動作をより小さくするのがコツ

このようなプレーの場合、相手にプレーの意図を読まれてしまっては意味がない。ゆっくりと大きなモーションでなく、キックする直前に地面から足を離して、できるだけ瞬間的に動作するのがコツだ。

インサイド&アウトサイド系キック【実践編】──アウトサイドカンフー・ループ

## インサイド&アウトサイド系キック

# 38 アウトサイドカンフ

前項のカンフー・ループと同様に、高い位置に足をイドでミートし、正面に弾き返すキック。「ループ」「ボレー」はストレートもしくは叩きつけるような

### ボールのインパクト

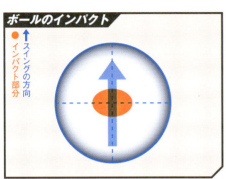

● インパクト部分
↑ スイングの方向

### 足のインパクト

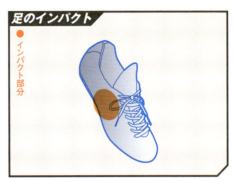

● インパクト部分

## 後ろからのアングル

**1 アプローチ**

1 山なりの浮き球が向かってくる。ボールをよく見て、落下地点を予測してポジションをとる。

**2 バックスイング**

2 落ちてきたボールに対して、蹴り足を下から迎えに行くように浮かせる。両手を軽く広げてバランスを保つ。

**3 インパクト**

3 ヒザを曲げて"L字"のような形を作って、ボールの中心をアウトサイドで強くインパクトする。

**1 アプローチ**

**2 バックスイング**

**3 インパクト**

## 正面・斜めからのアングル

# [実践編]

## 一・ボレー

上げて浮き球をアウトサ
は山なりのボールだが、
軌道となる。

### このキックの名手

**シャビ** スペイン

**イニエスタ** スペイン

**ジエゴ** ブラジル

### このキックの要素と特徴

（レーダーチャート：正確性、高さ、パワー、意外性、カーブ、飛距離）

### ◀ ボールの中心 もしくは上を蹴る

インパクトのときに使うのは足の外側のくるぶし下部、骨の出っ張る硬い部分。蹴り足を"L字"に曲げながら、足首を腰よりも高い位置に持ち上げて、ボールと平行な状態を作って当てる。ボールの中心を蹴るのが基本だが、近距離へのパスは上からボールを叩きつけるようにする。

### 4 フォロースルー

**4** 蹴り足は振り切らず、その場に「止める」イメージでフォロースルー。ボールの勢いをうまく利用する。

### 4 フォロースルー

### このキックを使用する状況

← 赤い矢印がこのキック

### 密集地帯で先手を取ってボールに触る

密集地帯で、浮き球が中途半端な位置にあって、処理をするのが難しい場合などに使われる。トラップするのを予測している相手の裏をかいて、とっさにパスをつないだり、ゴール前でのシュートに応用可能。体の近くに来たボールをコンパクトに打つこともできる。

### キック博士 浅井武のワンポイント解説

**足を振り切らず その場に止める**

大きく足を振り抜くと、ボールに当てるポイントがずれやすく、コントロールが乱れる原因になってしまう。足を振り切らずに蹴った足をその場に止めることで、素直で受けやすい弾道になる。

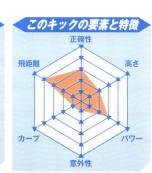

インサイド&アウトサイド系キック [実践編] ── アウトサイドカンフー・ボレー

## インサイド&アウトサイド系キック

## 18 インサイドドライ

インサイドでボールに縦回転（ドライブ）をかけ、ラ
どく落ちるボールを蹴る。インステップで蹴るよりも
コントロールがしやすく、フリーキックでのオプショ

### ボールのインパクト

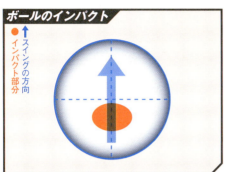

### 足のインパクト

### 後ろからのアングル

**1 アプローチ**

**1** ボールのほぼ真後ろから助走を開始する。前傾姿勢を保ちながら、インパクトに向けてパワーを蓄える。

**2 バックスイング**

**2** 軸足はボールのほぼ真横に置く。蹴り足と反対側の腕を広げてバランスをとりながら、大きくバックスイング。

**3 インパクト**

**3** 足の内側の硬い部分でボールの下をミートする。足首はやや上を向けて、ボールを突き上げるイメージ。

**1 アプローチ**

**2 バックスイング**

**3 インパクト**

### 正面・斜めからのアングル

# CHAPTER 2

## [実践編]

**ブ**

イナー性の軌道からするスピードは出にくいが、ンとしても使える。

### このキックの名手

**ドログバ**
コートジボワール

**フォルラン**
ウルグアイ

**ダニエウ・アウベス**
ブラジル

### このキックの要素と特徴

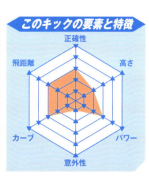

### ▶ 足の硬い部分でボールの下を蹴る

蹴り足の硬い部分（足の内側の骨が出っ張っているところ）でボールのやや下部をミートして、上方向に振り抜く。通常のインサイドキックで使っている、土踏まずの上とくるぶしの間あたりの広い面では、インパクト時に強力なパワーが出ないため、ドライブには向かない。

### ▶ このキックを使用する状況

← 赤い矢印がこのキック

### 4 フォロースルー

**4** インパクト後は、まっすぐ上に振り抜く。ボールはドライブ回転がかかってゴールに向かっていく。

**4** フォロースルー

### 近距離のフリーキックで威力発揮

ゴール前など近距離でのフリーキックで使われることが多い。ドライブ回転がかかったボールをGKの手前でバウンドさせて、セービングをしづらくさせる。また、サイドからのクロスでドライブ回転をかければ速くて伸びのあるボールとなり、DFの脅威となる。

### キック博士 浅井武のワンポイント解説

#### 内転筋の強さとボールの勢い

このキックには内転筋（太腿の内側の筋肉）の強さが必要だ。ドログバのようにしなやかでパワーのある選手はインパクト＋こすり上げる力が強く、壁の上を越して落とすようなボールさえ可能になる。

インサイド＆アウトサイド系キック [実践編] ―― インサイドドライブ

075

## インサイド&アウトサイド系キック

## 8 無回転ブレ球(イ

"魔球"とも呼ばれるブレ球は、野球のナックルボー
せず、上下左右に予測不能な軌道を描くボールのこ
の方法があるが、その中の一つがインサイドでボー

### ● ボールのインパクト

↑スイングの方向
● インパクト部分

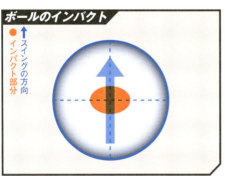

### ● 足のインパクト

● インパクト部分

## 後ろからのアングル

| 1 アプローチ | 2 バックスイング | 3 インパクト |

**1** ボールのやや斜め後ろから助走を開始。ボールの弾道を頭の中でイメージしながら、ゆっくりと近づく。

**2** 軸足はボールの真横。ヒザを十分に曲げて、しっかりと踏み込む。蹴り足を大きく振り上げてから前に運ぶ。

**3** 足の内側の硬い部分で、ボールの中心をインパクト。蹴り足は軸足に対して90度に開いて固定する。

| 1 アプローチ | 2 バックスイング | 3 インパクト |

## 正面・斜めからのアングル

# CHAPTER 2

## [実践編] ンサイド

ルのようにほとんど回転と。蹴り方にはいくつかルを押し出すものだ。

### このキックの名手
**ピルロ**
イタリア

**ジュニーニョ・P**
ブラジル

**中村俊輔**
日本

### このキックの要素と特徴

(正確性／高さ／パワー／意外性／カーブ／飛距離)

### ◀ 骨の出っ張りを中心にぶつける

ブレ球を蹴るには、ボールの中心を、強く、押し出すように蹴ることが大事になる。ボールに当てる部分は、足首の内側の硬い部分。骨の出っ張りがあるところをボールの"芯"にぶつけることで、ブレ球の必要条件である「強いインパクト」が生まれる。

### ▶ 4 フォロースルー

▶ ボールを強く押し出すようなイメージで、最後までしっかりと振り抜く。この"一押し"がボールの性質の決め手となる。

▶ 4 フォロースルー

### このキックを使用する状況

← 赤い矢印がこのキック

### ゴール正面から蹴るGK泣かせのボール

インサイドのブレ球は他の蹴り方に比べて飛距離が出にくく、ゴールまで20m以内の比較的近い位置からのフリーキックがメインとなる。ゴール正面からインサイドで蹴ると左右どちらに飛んで行くかわかりづらく、GKにとっては厄介なキックになる。

### ▶ キック博士　浅井武のワンポイント解説

#### ちょっとでもずれるとアウト

とにかくポイントはボールの中心を正確に蹴り抜くこと。左や右にちょっとでもずれると、ボールに回転がかかり無回転にはならない。ボールの中心をとらえて、まっすぐに押し出せば無回転となる。

インサイド&アウトサイド系キック [実践編] ── 無回転ブレ球（インサイド）

077

# インステップ系キック

## CHAPTER 3

【基本編】インステップストレート
インステップグラウンダー
インステップライナー
インステップアッパー
【実践編】インステップボレー
フライング・インステップボレー
インステップドライブボレー
無回転ブレ球（インステップ）

# CHAPTER 3
## インステップ系キック

## インステップでミートする
## 選手レベルをアップさせる

インステップ系のキックはシュートやロングボール、ディフェンス時のクリアーなど、強く、遠くへボールを蹴りたいときに使われることが多い技術だ。

インステップキックで強いボールが蹴れる理由は、キック動作が走るフォームに近く、スムーズかつ素早く足を振ることができ、振り足のスイングスピードを出しやすいという点にある。

スイングスピードが速ければ、より強いインパクトでボールをとらえられるので、ボールに伝わる力は大きくなり、ボールの飛距離やスピードが求められる場面で、効果的なキックが可能になる。また、助走の勢いをそのまま利用しやすいという点も、インステップキックが強く蹴れる理由の一つだ。

ただし、インサイドキックに比べ正確性という面では劣っている。足の側面の広く、フラットな部分でインパクトするインサイドキックに対して、インステップキックは足の甲の狭く、隆起した部分でインパクトするので、ボールの芯を正確にとらえることが難しい。

ボールを正確にとらえることができなければキックミスにつながり、思い通りのところへ蹴ることはできない。インステップで正確にミートする技術を身につければ、ピッチの広さを最大限に使ってプレーできるようになり、選手レベルも格段にアップするはずだ。

## 技術はカギ

## インステップ系キック

## 28 インステップスト

足の甲でボールの中心をまっすぐにインパクトし、飛ばすキック。サッカーにおけるすべてのキックのあるボールを蹴ることができ、主にシュートを打つ

### ボールのインパクト

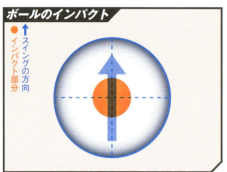

● インパクト部分
↑ スイングの方向

### 足のインパクト

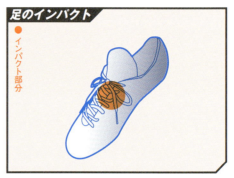

● インパクト部分

### 後ろからのアングル

| 1 アプローチ | 2 バックスイング | 3 インパクト |
|---|---|---|
|  |  |  |

**1** ボールのナナメ後ろから助走する。前傾姿勢になって、ボールをよく見ながらシュート体勢へ入る。

**2** 軸足をボールの真横もしくは、少し前に踏み込む。左腕を広げながら、蹴り足を大きく振り上げて……。

**3** 体全体の力を伝えることを意識しながら、甲の部分でボールの真ん中をとらえて、押し出すように蹴る。

### 正面・斜めからのアングル

| 1 アプローチ | 2 バックスイング | 3 インパクト |
|---|---|---|
|  |  |  |

# CHAPTER 3

## [基本編]

# レート

狙ったところへ一直線に中で、最も強烈な威力のときに使用される。

### このキックの名手

**C・ロナウド**
ポルトガル

**ファン・ペルシ**
オランダ

**フッキ**
ブラジル

### このキックの要素と特徴

正確性／高さ／パワー／意外性／カーブ／飛距離

### ▶ 蹴り足を立てて しっかりと固定する

インパクトする場所は、足首に近い、足の甲の中心部。骨の出っ張りのあるところでボールの中心をとらえる。インパクトのときは蹴り足の足首をしっかりと固定すること。ボールの中心を外したり、足首がぐらついたりすると、狙い通りのボールは蹴れない。

### このキックを使用する状況

← 赤い矢印がこのキック

### ゴール前でのシュートシーン

ゴール前のシュートシーンで使われるのが圧倒的に多い。このキックを得意とするC・ロナウドは、サイドからドリブルで中に切れ込み、素早い足の振りから強烈なシュートを生み、ゴールを量産。多少コースが甘くてもねじ込んでしまうほど、世界屈指の球速を誇る。

**4 フォロースルー**

**4** 蹴り足をしっかりと体重を乗せて振り切ると、その勢いで軸足が浮いて、飛び上がったような状態になる。

**4 フォロースルー**

### キック博士 浅井武のワンポイント解説

**軽く感じるか 重く感じるか**

きちんとボールの中心をとらえれば、ボールは軽く感じる。しかし、インパクトポイントがずれればボールは重たく感じる。間違った強いインパクトでは、足を痛める可能性もあるので、注意しよう。

インステップ系キック[基本編] ── インステップストレート

## インステップ系キック

# 28 インステップグラ

足の甲でボールを蹴るインステップキックは、最も ク だ。インステップ＝シュートのイメージが強いか るように転がるグラウンダーのキックは中距離パス

### ボールのインパクト

↑スイングの方向
● インパクト部分

### 足のインパクト

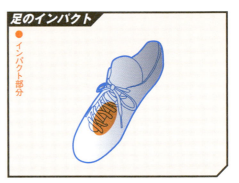

● インパクト部分

## 後ろからのアングル

| 1 アプローチ | 2 バックスイング | 3 インパクト |
|---|---|---|
|  |  |  |

**1** 目標を設定してから、キック体勢に入る。ボールのナナメ後ろから助走し、腕を広げてバランスをとる。

**2** 軸足をボールよりもやや前に踏み込み、ツマ先と上体を正面に向ける。蹴り足は後ろに大きく振り上げて……。

**3** 左側に体を傾けて、蹴り足をややナナメに寝かせる。足の甲でボールの中心よりやや下をインパクト。

| 1 アプローチ | 2 バックスイング | 3 インパクト |
|---|---|---|
|  |  |  |

## 正面・斜めからのアングル

# [基本編]

## ウンダー

速く遠くに飛ばせるキックもしれないが、地面を滑るに最適な技術だ。

### このキックの名手

**ピケ** スペイン

**ルシオ** ブラジル

**田中マルクス闘莉王** 日本

### このキックの要素と特徴

（レーダーチャート：正確性、高さ、パワー、意外性、カーブ、飛距離）

### ▶ ナナメに足を寝かせてまっすぐ押し出す

足の甲を触ると、骨が盛り上がっているところがわかる。そこがインステップキックのインパクト部分だ。ボールは中心よりやや下をインパクトし、まっすぐに押し出すように蹴る。蹴り足は無理に垂直に立てる必要はなく、グラウンダーを蹴りやすいようにナナメに寝かせると良い。

### このキックを使用する状況

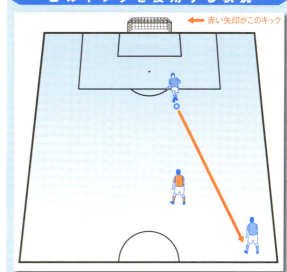

← 赤い矢印がこのキック

### 速くするどい世界レベルのパス

ビルドアップで前方にパスを出すときに最も多く使われる。センターバックの位置から、サイドの高い位置やターゲットとなる前線の選手まで速く、長いパスが出せれば、一瞬にして攻守の切り替えが可能となる。世界レベルでは、もはや常識となるパスの技術だ。

**4 フォロースルー**

**4** 蹴り足は横に切るイメージで振り抜く。足から離れたボールはピッチを滑るように転がっていく。

**4 フォロースルー**

### キック博士 浅井武のワンポイント解説

**蹴り足の角度を調節する**

インステップキックでは蹴り足の角度が重要になる。まっすぐに飛ばしたいときは蹴り足を立てるが、このキックのように転がしたいときは蹴り足を軽く寝かせて、横に切るようにインパクトする。

CHAPTER 3

インステップ系キック [基本編] ── インステップグラウンダー

## インステップ系キック

# 22 インステップライ

前線へのロングフィードなど、直線的な長距離のパ○○ライナー性のボールが有効だ。高速で目標となる○○ができるため、ＤＦや中盤の選手にとって必要不可○○

### ボールのインパクト

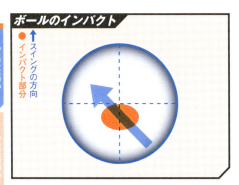

↑スイングの方向
● インパクト部分

### 足のインパクト

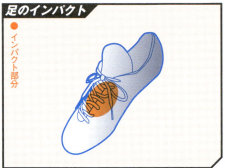

● インパクト部分

## 後ろからのアングル

| 1 アプローチ | 2 バックスイング | 3 インパクト |
|---|---|---|
|  |  |  |
| 1 ボールに対してナナメの角度をつけることで、スムーズに蹴り足をスイングできる空間を確保する。 | 2 軸足をボールから、ボール１個分、外側に離して踏み込む。蹴り足をまっすぐ、しっかりとテイクバックする。 | 3 体をナナメに倒して、足を寝かせた状態にする。ボールの下に足を潜り込ませて、足の甲で強くインパクト。 |

| 1 アプローチ | 2 バックスイング | 3 インパクト |
|---|---|---|
|  |  |  |

## 正面・斜めからのアングル

## CHAPTER 3

### [基本編]

**ナー**

スにはインステップで蹴
場所へボールを送ること
欠なキックといえる。

### このキックの名手

**ピケ**
スペイン

**ルシオ**
ブラジル

**田中マルクス闘莉王**
日本

### このキックの要素と特徴

正確性／高さ／パワー／意外性／カーブ／飛距離

▶ **ボールの下から足を潜り込ませる**

インパクトは「インステップグラウンダー」よりも、足首により近い部分。足を寝かせた状態にし、ボールの下から潜り込ませ、ボールの中心より少し下を蹴る。正確にミートすることができれば、地面からまっすぐに伸びていくライナー性のボールになる。

**4 フォロースルー**

▶ インパクトした後はしっかりと振り抜く。足の甲から離れたボールは、ライナー性の軌道で目的地点へ。

**4 フォロースルー**

### このキックを使用する状況

← 赤い矢印がこのキック

**相手の頭上を越してロングパスを送る**

大きなサイドチェンジや、後方から前方へのフィードなどでは、相手DFの準備ができるよりも速くボールを送り局面を変えたい。もっともスピードの出るキックで、さらにライナー性の浮き球にすれば、一瞬にして相手の頭上を通し、邪魔されずにボールを送れる。

### キック博士 浅井武のワンポイント解説

**飛行機の翼のように腕を伸ばす**

足を寝かせてインパクトするときは、体をナナメに倒して、スムーズにキックできる姿勢にする。軸足がぐらつかないように、蹴り足と反対側の腕を飛行機の翼のように伸ばしてバランスを保つこと。

インステップ系キック [基本編] —— インステップライナー

## インステップ系キック

## 23 インステップ

GKのゴールキック時など、滞空時間が長く、飛距離が欲しい時に使われるキック。数多くのキックの中でももっとも飛距離の出るキックで、GKはもちろん、後方からのフィードが多いDFなども、ぜひ覚えておきたい。

### ボールのインパクト

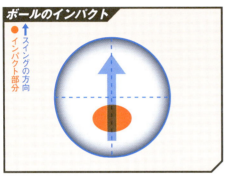

↑スイングの方向
● インパクト部分

### 足のインパクト

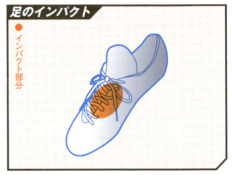

● インパクト部分

## 後ろからのアングル

| 1 アプローチ | 2 バックスイング | 3 インパクト |
|---|---|---|
|  |  |  |

**1** ボールのナナメ後ろから助走を開始する。キック力に自信がない選手は、助走を長くして勢いをつけよう。

**2** 軸足はボールの真横に置く。体をナナメに倒し、蹴り足のカカトがお尻につくぐらい大きくテイクバック。

**3** ボールの下に蹴り足を滑り込ませ、足の甲の骨が硬いところで、押し出すようにインパクトする。

## 正面・斜めからのアングル

| 1 アプローチ | 2 バックスイング | 3 インパクト |
|---|---|---|
|  |  |  |

# CHAPTER 3

## [基本編]

## パー

距離のあるボールを蹴るとともに長距離向きの蹴り方。FWの選手に重宝される。

### このキックの名手
**カシージャス** スペイン
**チェフ** チェコ
**西川周作** 日本

### このキックの要素と特徴
(レーダーチャート: 正確性／高さ／パワー／意外性／カーブ／飛距離)

### ◀ ボールの中心と底辺の中間あたりを蹴る

ボールに当てるのは、足の甲の骨が硬い部分（親指付け根の上部）。ボールの中心と底辺の中間部分を、足を寝かせて下からすくうイメージでミートし、浮かせる。インパクトポイントが、底に近すぎると飛距離が伸びず、中心に近いと高さが出なくなるので注意しよう。

### 4 フォロースルー

◀ ボールの方向にまっすぐにフォロースルー。急角度のついたボールは空中に向かってぐんぐん伸びていく。

◀ フォロースルー

### このキックを使用する状況

← 赤い矢印がこのキック

### 相手の頭上を大きく越すハイボールを送る

ゴールキックで長い距離を蹴るときや、ロングボールを前線に張る選手の頭めがけて放り込みたいときに有効。頭上から落下するボールは、ライナー性のパスと違い、長身またはジャンプ力で高さを有する者がいれば、シンプルながらも有効な攻撃手段になり得る。

### キック博士 浅井武のワンポイント解説

**力を入れなくてもボールは飛ぶ**

遠くに飛ばそうと、体全体に力が入り過ぎている選手を見かけるが、正しい蹴り方ができれば力まなくてもボールは飛ぶ。上半身はリラックスさせ、その分のパワーをインパクトの1点に集中しよう。

インステップ系キック［基本編］── インステップアッパー

## インステップ系キック

# 24 インステップボ

空中に浮いているフワッとしたボールを、インス
し、するどい弾道に変える。軸足を地面に着けた状
キックは、ゴール前のシュートに多く使われるが、

### ボールのインパクト

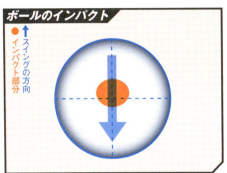

● スイングの方向
● インパクト部分

### 足のインパクト

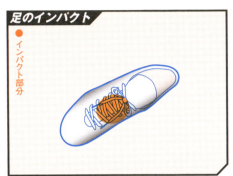

● インパクト部分

## 後ろからのアングル

| 1 アプローチ | 2 バックスイング | 3 インパクト |
|---|---|---|
|  |  |  |
| 1 右方向からのクロス。ボールをよく見ながら、キック体勢に入る。上体を開き、蹴り足を体の外側に置く。 | 2 腰の高さの地点まで来たところで、蹴り足を横から回し込み、弓を引くようなイメージでバックスイング。 | 3 腰をひねって股関節を内側に閉じて、浮き球を足の甲で上から下に叩きつけるようにインパクトする。 |

## 正面・斜めからのアングル

| 1 アプローチ | 2 バックスイング | 3 インパクト |
|---|---|---|
|  |  |  |

# CHAPTER 3

## [実践編]

## レー

テップで力強くミート
態でミートするボレー
パスにも応用可能。

### このキックの名手

**C・ロナウド**
ポルトガル

**フォルラン**
ウルグアイ

**イブラヒモビッチ**
スウェーデン

### このキックの要素と特徴

正確性／高さ／パワー／意外性／カーブ／飛距離

## インステップ系キック [実践編] —— インステップボレー

### ◀ 体全体で下に叩きつける

インステップキックと同様に足の甲の部分でミートするが、ボールのインパクトは中心からやや上にずらす必要がある。ボールの横から蹴り足を回してキックするため、下部を蹴るとボールが大きく浮いてしまうからだ。体全体で上から下に叩きつける意識を持とう。

### このキックを使用する状況

← 赤い矢印がこのキック

### ▶4 フォロースルー

◀ 軸足は地面に着けたまま、蹴り出した方向へ蹴り足をコンパクトに振り抜く。ボールはゴール左隅へ。

▶4 フォロースルー

### クロスをファーサイドでボレーシュート

このキックがもっとも多く使われるのは、クロスをファーサイドで合わせる場面。ファーに来るボールは高く上がったところから落下してくる状況が多いので、自分の蹴りやすいポイントまでボールを引きつける我慢強さと、冷静にミートする技術の両方が求められる。

### キック博士 浅井武のワンポイント解説

**空間認知能力を鍛えるためには？**

浮き球を確実にミートできる選手は、ボールの落下地点を正確に見極める「空間認知能力」が優れている。この能力を鍛えるには、ロングボールをヘディングする練習などが良いとされているので試してみよう。

# インステップ系キック

## 25 フライング・インステ

前項のインステップボレーとの違いは、インパクトで軸足が地面を離れ、空中に浮いた状態になること。全体重をボールに乗せてキックのパワーをより高め

### ボールのインパクト
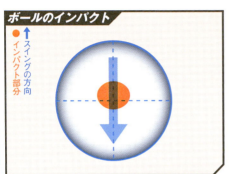

### 足のインパクト
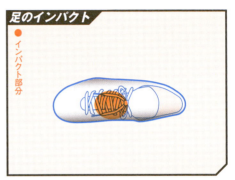

## 後ろからのアングル

### 1 アプローチ

1 右方向からのクロスが向かってくる。上半身と蹴り足を大きく外側に開いて、キックの準備に入る。

### 2 バックスイング

2 軸足のヒザはしっかりと曲げる。ボールの落下に合わせて、蹴り足を後ろ側から水平に持って来て……。

### 3 インパクト

3 腰の高さにあるボールの中心やや上を、地面に叩きつけるイメージでインパクト。と同時に軸足を抜く。

## 正面・斜めからのアングル

### 1 アプローチ

### 2 バックスイング

### 3 インパクト

# CHAPTER 3

## [実践編] ップボレー

〜フォロースルーにかけ軸足を抜くことで、体のられるのだ。

### このキックの名手

**ベルバトフ** ブルガリア

**ネイマール** ブラジル

**李忠成** 日本

### このキックの要素と特徴

正確性／高さ／パワー／意外性／カーブ／飛距離

### ▶ 体全体で下に叩きつける

ゴールを大きく越える、いわゆる"ふかした"状態にならないように、ボールの中心より少し上部を、下へ叩きつけるようにインパクトする。ミート時には、軸足を抜く（前方に体重移動しながらジャンプする）ことで、パワーをすべてボールに伝えることができる。

### このキックを使用する状況

← 赤い矢印がこのキック

### 高く上がった浮き球をゴールに突き刺す

高く上がった浮き球や、ボールスピードが遅いクロスなどをボレーで打つときに使用。ボールに勢いがない分を、ジャンプしながら全体重をボールに乗せることでカバーする。2011アジアカップ決勝で李忠成が決めた伝説的なボレーシュートは、このキックの典型例だ。

### 4 フォロースルー

▶ 体のバランスをとりながら軸足を抜いて、蹴り足を蹴り出した方向へ振り抜く。強烈な弾道が飛んでいく。

### 4 フォロースルー

### キック博士 浅井武のワンポイント解説

**軸足を抜くとふかしづらい**

浮き球のボールをボレーで蹴る場合、ボールの下を叩いてしまうミスが起こりやすい。軸足を抜いて空中にジャンプすれば、上から叩きつけやすくなり、ふかしづらくなるというメリットもある。

インステップ系キック【実践編】──フライング・インステップボレー

インステップ系キック

## 26 インステップドラ

浮き球をインステップで下からこすり上げてミートを加えるキック。一旦、高い地点まで蹴り上げながら落下させることができるため、GKの頭を越すシュー

### ボールのインパクト

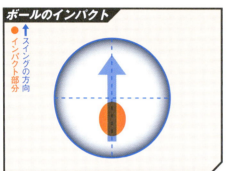

↑スイングの方向
●インパクト部分

### 足のインパクト

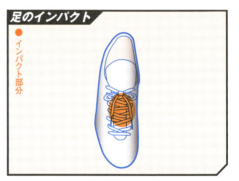

●インパクト部分

## 後ろからのアングル

### 1 アプローチ

**1** バウンドしたボールが正面にある。左腕を高く上げて、勢いをつけた状態でボールへアプローチ。

### 2 バックスイング

**2** 軸足をボールのやや後ろに踏み込み、バックスイングを大きくする。体全体をしならせて……。

### 3 インパクト

**3** 浮き球の落ち際に合わせて蹴り足をボールの下から入れて、足の甲でこすり上げるようにインパクト。

### 1 アプローチ

### 2 バックスイング

### 3 インパクト

## 正面・斜めからのアングル

# [実践編]
## イブボレー

し、ボールに強い縦回転
ら、回転によって急激に
トなどに使いたい。

### このキックの名手

**ルーニー**
イングランド

**ドログバ**
コートジボワール

**アンリ**
フランス

### このキックの要素と特徴

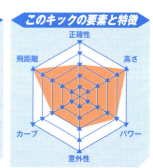

### ▶ 足首〜ツマ先へ ボールを滑らせる

ボールの真下を蹴るのはNG。ボールが高く浮きすぎ、いわゆる"ふかす"原因となる。インパクトはボールの中心と底の中間部を、足の甲の部分でしっかりととらえる。さらに足首の近く〜ツマ先のほうへボールを滑らせるように蹴り抜くことで、強い回転を与える。

### このキックを使用する状況

← 赤い矢印がこのキック

**4 フォロースルー**

4 ボールに縦回転を伝えるため、蹴り足はまっすぐ上に振り抜く。GKの頭上を越えてゴールに決まる。

**4 フォロースルー**

### GKの頭上を越してゴールに突き刺す

ボールが高く浮いてから急降下する、鋭角な放物線となるため、GKの頭上を越すシュートなどに、最適な方法といえる。このキックの名手たちは、GKのポジショニングやゴールまでの距離で、瞬時にシュートの角度や縦回転のかけ具合を調整することができる。

### キック博士 浅井武のワンポイント解説

**ボールと足の接地時間が肝**

ドライブ回転はボールとの接触時間の長さによって決まる。足の甲とボールが長い時間触れていれば、その分、より多くの回転がボールに加わる。回転を強くしたいときは、接触時間を長くする。

インステップ系キック【実践編】── インステップドライブボレー

# インステップ系キック

## 28 無回転ブレ球（イン

C・ロナウドや本田圭佑など、ブレ球の使い手に見
内側の平らな部分で、ボールの中心をまっすぐ押し
のない不規則で予測不可能な軌道となる。力と技が

### ボールのインパクト

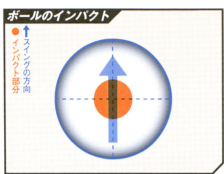

● ↑スイングの方向
● インパクト部分

### 足のインパクト

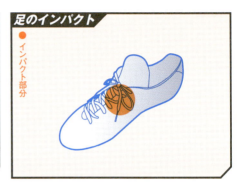

● インパクト部分

## 後ろからのアングル

**1 アプローチ**

**2 バックスイング**

**3 インパクト**

**1** 前方のボールへほぼ真後ろから助走を開始する。前傾姿勢を保ったままボールへの距離を詰める。

**2** 軸足は、ボールから10〜20cmぐらい離した位置に置く。蹴り足をまっすぐ後ろに振り上げて……。

**3** 蹴り足の甲の内側にある平らな部分で、ボールの中心をインパクト。インパクト時にボールを強く押し出す。

**1 アプローチ**　　**2 バックスイング**　　**3 インパクト**

## 正面・斜めからのアングル

CHAPTER **3**

## [実践編]

## ステップ

られる蹴り方。足の甲の出すことでほとんど回転融合した"魔球"だ。

### このキックの名手

**C・ロナウド**
ポルトガル

**ジュニーニョ・P**
ブラジル

**本田圭佑**
日本

### このキックの要素と特徴

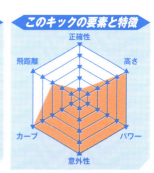

### ◀ 足の甲の内側の平らな部分で蹴る

インパクトには基本的に足の甲の内側の平らな部分を使う。しかし、厳密には選手によって微妙に異なるポイントで、ボールの"芯"をとらえているようだ。共通するのはボールの中心をつぶすイメージで力強く押し出すこと。どこで蹴れば無回転になるか、何度も蹴って試そう。

### ◀ ❹ フォロースルー

◀ ほぼ回転していないボールは空気中の抵抗を受けて、不規則な軌道を描きながら、ゴール方向へ。

◀ ❹ フォロースルー

### このキックを使用する状況

← 赤い矢印がこのキック

### ゴール中央付近のフリーキックで狙う

流れの中でシュートとして放たれる場合もあるが、基本的にはボールをセットしたフリーキックで使われる。とくにゴール中央付近からのキックは絶大な威力を発揮する。正面に向かうと見えたボールが不規則に揺れながら、GKを無視して決まるシーンは圧巻だ。

### キック博士 浅井武のワンポイント解説

#### 通常のキックより接触時間を長くする

ブレ球のインパクトは力学的には「並進運動」と呼ぶもの。足首を立てて硬くした足先の重心をぶらさず、地面と平行にしばらく押し出す動きが必要だ。ボールとの接触時間を長くするイメージを持とう。

## 無回転ブレ球（インステップ）

インステップ系キック［実践編］

097

# インフロント&
# アウトフロント系キック
## CHAPTER 4

【基本編】インフロントライナー
インフロントアッパー
インフロントスライダー
アウトフロントライナー
【実践編】アウトフロントカーブ
インフロントカーブ（ファー）
インフロントカーブ（ニア）
アウトフロントスナップ

# CHAPTER 4
# インフロント＆アウトフロント系キック

## 実用度と汎用性を兼ね備えユーティリティーなキック

インフロント＆アウトフロント系キックはインサイドやアウトサイド、そしてインステップキックの特徴を兼ね備えた、中間的なキックといえる。インパクトする場所は足の甲の周辺部分。インフロントは親指側、アウトフロントでは小指側を使う。

インステップキックよりも広くフラットな部分でインパクトできるため、より正確にボールの芯をとらえることができる特徴がある。

インパクトまでのキック動作はインサイドキックよりも走るフォームに近い形で蹴るので、素早い振り足でスイングスピードを出しやすく、より強く、飛距離のあるボールが蹴れるというのが特徴だ。

インフロント＆アウトフロントで蹴る浮き球に関しては、もっとも多様なコントロールに対応したキックといえる。ロングレンジのパスやミドルシュートにも使うことができ、ＦＫにも向いているなど非常に使い勝手が良く、インサイド＆アウトサイドに次いで使用頻度も高くなる。

また、するどいカーブをかけやすく、サイドからカーブをかけてＧＫが飛び出しにくい軌道のクロスを上げたり、ペナルティーエリアの角からファーポスト際にＧＫの手が届かないシュートを打ったりと、このキックが生む特徴的なプレーも多い。実用度と汎用性の非常に高いユーティリティーキックである。

## インフロント&アウトフロント系キック

# 28 インフロントライ

足の親指の付け根周辺（インフロント部）で蹴る直離のパス、クロスボール、セットプレーなど、ポジは非常に多く、すべての選手にとって必須となる基

### ボールのインパクト

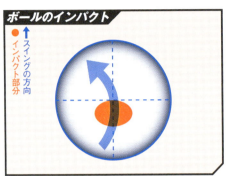

● ↑スイングの方向
● インパクト部分

### 足のインパクト

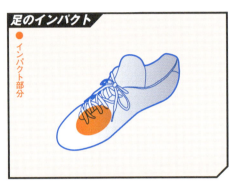

● インパクト部分

## 後ろからのアングル

**1 アプローチ**

① ボールのナナメ後ろから入っていく。蹴る前にボールのカーブ・高さ・スピードなどをイメージする。

**2 バックスイング**

② ボールの横に軸足を踏み込み、大きくバックスイング。ボールに対して、蹴り足を回し込んで……。

**3 インパクト**

③ ボールを最後まで見ながら、ボールの中心よりもやや下の部分を、蹴り足の甲の内側付近でインパクト。

**1 アプローチ**

**2 バックスイング**

**3 インパクト**

## 正面・斜めからのアングル

# CHAPTER 4

## [基本編]

## インフロントライナー

線的なボール。中・長距離を問わず使う場面の基本技術だ。

### このキックの名手

シャビ・アロンソ
スペイン

ピルロ
イタリア

中村俊輔
日本

### このキックの要素と特徴

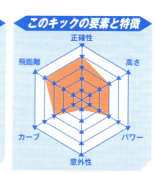

（正確性／高さ／パワー／意外性／カーブ／飛距離）

### ◀ 親指の付け根付近でボールの下をインパクト

足に当てるのは、インサイドとインステップの中間に位置する、足の甲の内側付近。この場所で、ボールの中心よりやや下をインパクトし、そのまま半円を描くように足を振り抜く。ボールに当たる時間が短いと、勢いが弱くなるので厚めに当てる意識を持とう。

### このキックを使用する状況

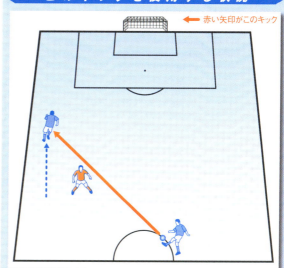

← 赤い矢印がこのキック

### スペースへのミドルレンジのパス

様々な場面で応用可能だが、最も使用頻度が高いのは中距離のパスだろう。中央からナナメ前方のスペースへパスを出すときに、味方選手のスピードとタイミングに合わせて、ボールの勢いをコントロールしやすい。操作性の良さからコーナーキックでも多用される。

### 4 フォロースルー

4 フォロースルーまで、蹴り足を半円を描くように振り抜く。直線的なライナー性のボールになる。

### 4 フォロースルー

### キック博士 浅井武のワンポイント解説

#### 水平方向に半円を描くように振り抜く

インフロントキックのコツは、蹴り足を後ろから回し込むように運んで、水平方向に半円を描くように振り抜くこと。インパクトとともに、摩擦によって回転を与えながら、ボールをコントロールするキックだ。

インフロント&アウトフロント系キック［基本編］── インフロントライナー

## インフロント＆アウトフロント系キック

# 29 インフロントアッ

ゴルフの"アイアンショット"のように、角度をつら打ち上げ、高く遠くへ飛ばすキック。インステのキックの方が回転をかけることによって、コント

### ボールのインパクト
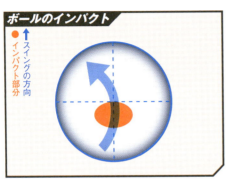
↑スイングの方向
●インパクト部分

### 足のインパクト
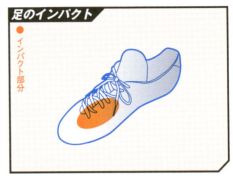
●インパクト部分

## 後ろからのアングル

| 1 アプローチ | 2 バックスイング | 3 インパクト |
|---|---|---|
|  |  |  |
| **1** 蹴る前に目標地点（どこに蹴るのか、誰を狙うのか）を設定する。ボールのナナメ後ろから助走をスタート。 | **2** 軸足はボールの横、10〜20cmぐらい離したところ。バックスイングをしっかりととって……。 | **3** 蹴り足の下からボールに足を入れて当てる。軸足のヒザをしっかり曲げて、体の重心がブレないようにする。 |

| 1 アプローチ | 2 バックスイング | 3 インパクト |
|---|---|---|
|  |  |  |

## 正面・斜めからのアングル

# CHAPTER 4

## [基本編]

## パー

けた足先をボールの下か
プアッパーに近いが、こ
ロール性が高い。

### このキックの名手

**カシージャス**
スペイン

**チェフ**
チェコ

**西川周作**
日本

### このキックの要素と特徴

正確性 / 高さ / パワー / 意外性 / カーブ / 飛距離

### ボールの下に足を入れ 下から打ち上げる

飛距離と高さを出すために、ボールのインパクト部分をインフロントライナーよりも少し下にずらす。蹴り足を少し寝かせてボールの下に差し込み、インパクトしながら素早く振り抜く。足がツマ先近くからボールの下に入り、アウトサイド寄りの場所から抜けて行くのが理想的な蹴り方。

### このキックを使用する状況

赤い矢印がこのキック

### 遠くの目的地点へボールを落とす

GKがゴールキックを蹴るときなど、遠くのスペースや味方に向けてボールを送りたいときに使われる。インステップよりもさらに山なりで、柔らかい質のボールになるため、受け手の選手が落下地点を予測しやすく、コントロールしやすいのが最大のメリット。

### 4 フォロースルー

**4** インパクトした足を横方向に素早く振り抜く。ボールは急角度で飛び、ハーフウェイラインをゆうに越える飛距離となる。

### 4 フォロースルー

### キック博士 浅井武のワンポイント解説

**バックスイングを しっかりととる**

DFラインの裏のスペースに送り、一気に攻撃を狙うのか、ラインの前でつなぐのか、落としたセカンドボールを狙うのか……目的によって、インステップとインフロントの使い分けを意識しよう。

インフロント&アウトフロント系キック [基本編] ―― インフロントアッパー

## インフロント&アウトフロント系キック

# 38 インフロントスラ

インフロントに引っかけて、横すべりするような鋭
は、ベッカムなど「クロスの名手」と呼ばれる選手
ドも速く、中で合わせる選手が触ればゴールという

### ボールのインパクト

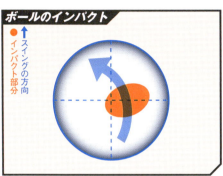

● インパクト部分
↑ スイングの方向

### 足のインパクト

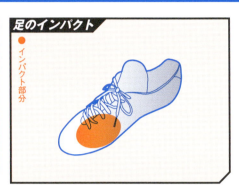

● インパクト部分

## 後ろからのアングル

### 1 アプローチ

1 ボールに対してほぼ真後ろから助走する。前傾姿勢になって、スピードを上げながらボールとの距離を詰める。

### 2 バックスイング

2 軸足を踏み込み、蹴り足を大きく振り上げる。軸足のツマ先は、ボールを蹴る方向に向けておくこと。

### 3 インパクト

3 蹴り足をスイングさせて、インフロントとインサイドの中間部でボールの中心やや右側をインパクトする。

### 1 アプローチ

### 2 バックスイング

### 3 インパクト

## 正面・斜めからのアングル

# CHAPTER 4

## [基本編]

## インフロントスライダー

いカーブをかけるキックの得意技。ボールスピーシーンを演出しやすい。

### このキックの名手

**ベッカム**
イングランド

**ラーム**
ドイツ

**酒井宏樹**
日本

### このキックの要素と特徴

（レーダーチャート：正確性／高さ／パワー／意外性／カーブ／飛距離）

### ボールに当てる面を広くする

インパクトするときに使うのは、インフロントとインサイドの中間部の広い面。ボールに当たる面を広くすることで、足の引っかかりを強くする。インパクト部分はボールの中心より右側にずらす。ボールの表面と足の表面の摩擦力を高めることでカーブをかける。

### このキックを使用する状況

← 赤い矢印がこのキック

### カウンター攻撃でアシストを量産

相手の守備陣が整わないうちに、DFラインとGKの間を狙ってサイドの浅い位置からボールを放り込む、アーリークロスに最適なキック。

まっすぐな軌道でなく、速いカーブボールは、DFがゴール前のミスを恐れてクリアしづらくなり、GKも飛び出すのをためらう。

### 4 フォロースルー

4 蹴り足が体にくっつくぐらいの勢いで、横方向にフォロースルー。鋭く横方向に曲がりながらボールが飛ぶ。

### 4 フォロースルー

### キック博士 浅井武のワンポイント解説

#### ベッカムは後ろ体重でクロスを蹴る

ベッカムのクロスのフォームは、蹴る瞬間に後ろに重心が乗った独特なスタイル。後ろ体重にして体勢を安定させ、蹴り足を回し込んでスイングする。数えきれない経験を元に研鑽された職人的技術だ。

インフロント&アウトフロント系キック [基本編]──インフロントスライダー

107

## インフロント＆アウトフロント系キック

# 38 アウトフロントラ

足の甲の外側を使い、直線的な浮き球を蹴るテク
ロースルーの方向と反対側に逃げるように飛んでい
に近い形から、異なる軌道となるので相手の意表を

### ボールのインパクト

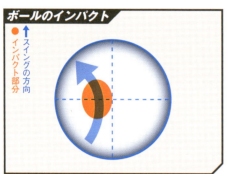

スイングの方向
インパクト部分

### 足のインパクト

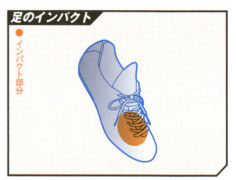

インパクト部分

## 後ろからのアングル

**1 アプローチ**

1 ボールのほぼ真後ろから助走スタート。ボールは2、3歩の助走で蹴れる場所にコントロールしておく。

**2 バックスイング**

2 ボールの横に軸足を踏み込んで、大きくバックスイング。インステップキックとフォームは変わらない。

**3 インパクト**

3 足の甲の外側でボールの下側、中心から左にかけてインパクト。ボールを「つぶす」イメージで押し出す。

**1 アプローチ**

**2 バックスイング**

**3 インパクト**

## 正面・斜めからのアングル

# CHAPTER 4

## [基本編]

## イナー

ニック。ボールはフォ
く。インステップキック
突くことができる。

### このキックの名手

**ベッカム**
イングランド

**ピルロ**
イタリア

**中村俊輔**
日本

### このキックの要素と特徴

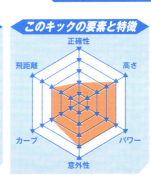

正確性／高さ／パワー／意外性／カーブ／飛距離

### ◀ 蹴った足を外側に振り抜く

足の甲の外側で、ボールの下部中央から左にかけてインパクト。インパクトは擦るのではなく、厚めに当てるイメージで。このキックの特徴は蹴った足をそのまま外側に振り抜くこと。ボールは蹴り足の外側方向に飛び、直線的な軌道で飛んでいく。

### このキックを使用する状況

← 赤い矢印がこのキック

#### 4 フォロースルー

◀ 4 蹴り足が体に巻きつくぐらい、しっかりとフォロースルーをとる。ボールはまっすぐ伸びながら徐々に曲がる。

#### 4 フォロースルー

### DFラインの裏にボールを落とす

サイドの浅い位置から、相手のDFラインとGKの間のスペースに直線的な浮き球のボールを送る。インステップキックとフォームが同じなので、相手の意表を突きやすい。裏への飛び出しに長けた選手がいれば、1本のパスで決定的なチャンスを作れる。

### キック博士 浅井武のワンポイント解説

#### 全身運動でボールを飛ばす

インステップは自分の体の正面に飛ばすのに対し、アウトフロントは自分の体の外側に飛ばす。体のひねりや、大きなバックスイングなど、全身運動によるエネルギーをインパクトで解放させるイメージだ。

インフロント&アウトフロント系キック [基本編] ── アウトフロントライナー

109

## インフロント&アウトフロント系キック

# 32 アウトフロント

足の甲の外側でボールを前方に払うようにミートするキック。ライナー性のボールより速度は落ちるが、パスや、DFを巻くシュートなど、創造性あるプレー

### ボールのインパクト

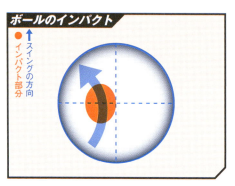

### 足のインパクト

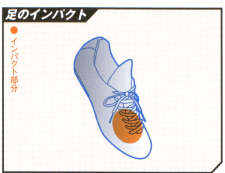

## 後ろからのアングル

### 1 アプローチ

1 ボールのほぼ真後ろから走り込む。前傾姿勢でスピードをつけて助走し、インパクトのパワーを上げる。

### 2 バックスイング

2 軸足を踏み込むのはボールの少し後ろ。十分に曲げた軸足のヒザが、反発力の「溜め」の役割を果たす。

### 3 インパクト

3 足の甲の外側でボールの中心より左側を叩く。インパクト時に軸足のヒザで少し伸び上がるようにする。

### 1 アプローチ

### 2 バックスイング

### 3 インパクト

## 正面・斜めからのアングル

# CHAPTER 4

## [基本編]

## カーブ

て、強烈なカーブをかけ相手の裏にいる味方への を生み出す技だ。

### このキックの名手

**C・ロナウド**
ポルトガル

**イニエスタ**
スペイン

**ナスリ**
フランス

### このキックの要素と特徴

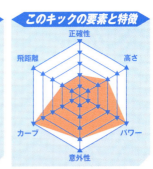

正確性／高さ／パワー／意外性／カーブ／飛距離

### ◀ ボールの芯をとらえて素早く振り抜く

足の甲の外側を、ボールの中心より少し左側に当て、左前方に素早く振り抜く。カーブをかけようとするあまりボールの側面を蹴りすぎると、回転数は増えてもスピードが出ない。また、足首の角度を調整しながら蹴らないと、ボールが思わぬ方向へ飛び出してしまうので、注意。

### このキックを使用する状況

← 赤い矢印がこのキック

### ゴールライン沿いからクロスを入れる

相手ゴールライン付近まで侵入した状況で、中を向いてボールを持つ。正面に立った相手DFに通常のクロスのコースを消されていても、このキックを使えば相手の意表を突いて、反対側のコースから、ゴールへと巻くように向かう軌道のクロスを供給することができる。

### 4 フォロースルー

**4** ボールに全身の力を乗せるために蹴り足は左前方に振り切る。反動を利用したため軸足が浮いている。

### 4 フォロースルー

### キック博士 浅井武のワンポイント解説

#### 足首の強さと角度調整が必要になる

ボールを擦るように当てるキックの特性上、インパクトのパワーが制限されるので、長い距離を飛ばすには足首の強さが必要になる。低年齢のプレーヤーは、まず短い距離から練習しよう。

インフロント&アウトフロント系キック【基本編】―― アウトフロントカーブ

インサイド＆アウトサイド / インステップ / インフロント＆アウトフロント ［基本編］［実践編］ / その他キック

## インフロント＆アウトフロント系キック

## 33 インフロントカーブ

外側に膨らむように飛び、内側にカーブしながら落ク。アンリやデル・ピエロといった選手の必殺シュー度によっては守備範囲の外からゴールに向かうGK

### ボールのインパクト

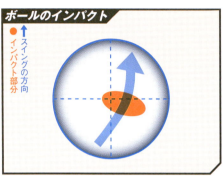

● ↑スイングの方向
● インパクト部分

### 足のインパクト

● インパクト部分

## 後ろからのアングル

**1 アプローチ**

1 ボールに対してナナメ45度ぐらいの角度から助走する。助走から3歩目で蹴れる位置にボールを置く。

**2 バックスイング**

2 軸足をボールのやや前目に踏み込む。大きくバックスイングした蹴り足にパワーを集中させる。

**3 インパクト**

3 足の甲の内側を、ボールの中心からやや右側にぶつけて、ナナメ上に押し出すようにしながら蹴る。

**1 アプローチ**　　**2 バックスイング**　　**3 インパクト**

## 正面・斜めからのアングル

# [実践編]

## (ファー)

ちるインフロントキットとしても使われる。角泣かせの軌道となる。

### このキックの名手

**アンリ**
フランス

**デル・ピエロ**
イタリア

**ルーニー**
イングランド

### このキックの要素と特徴

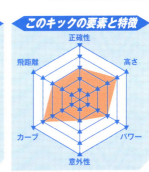

### ▶ 蹴り足をナナメ上にしっかり振り上げる

足の甲の内側で、ボールの中心からやや右側にずらした部分をインパクトする。蹴り足は外側に向けてナナメ上にしっかりと振り抜き、カーブ回転を与える。ボールの中心から大きく外れた場所を蹴ってしまうと、ボールスピードも距離も十分に出ないので注意しよう。

### このキックを使用する状況

← 赤い矢印がこのキック

### ナナメ45度の位置から曲げて落とす

アンリやデル・ピエロが得意とするのはペナルティーエリアの境目の位置。ナナメ45度の角度からファーポストを狙ってシュート。

ボールが、ゴールの枠を外れる角度で飛んだ後に、急激に曲がってゴールに向かえば、GKの守備範囲外となり、後は見送るしかない。

### 4 フォロースルー

4 蹴り足で半円を描くようなイメージで振り抜く。大きく浮いたボールが空中で曲がりながら落ちる。

### 4 フォロースルー

### キック博士 浅井武のワンポイント解説

**シュート練習では目標地点を決める**

同じ角度から何本も蹴って、自分なりの感覚をつかんで武器にしよう。キック練習では漠然と蹴るのではなく、目標地点（ファーポストの右上隅など）を設定して蹴ることでより効果が上がる。

インフロント&アウトフロント系キック [実践編] —— インフロントカーブ（ファー）

## インフロント&アウトフロント系キック

# 34 インフロントカーブ

外向きに大きな弧を描くように曲げるインフロントして、体の正面から鋭角に曲がって落とすのがこのリーキックで壁の上を越して、直接ゴールを狙うの

### ボールのインパクト
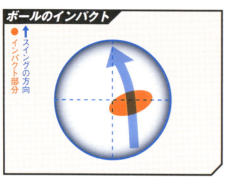

### 足のインパクト
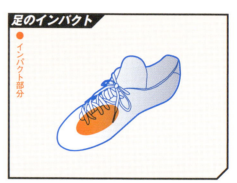

## 後ろからのアングル

### 1 アプローチ

**1** ゴール前やや左寄りの位置からのフリーキック。ボールのナナメ後ろから前傾姿勢を保って助走する。

### 2 バックスイング

**2** 軸足を置くのはボールから、ボール1個分離した横の位置。軸足のツマ先を蹴る方向に向けておく。

### 3 インパクト

**3** 足の甲の内側で、ボールの中心からやや右側の部分をインパクトしながら、左方向に巻くカーブをかける。

### 1 アプローチ

### 2 バックスイング

### 3 インパクト

## 正面・斜めからのアングル

# [実践編]

## ブ(ニア)

カーブ(ファー)に対〔する〕キック。ゴール前のフ〔リーキック〕に適している蹴り方だ。

### ▶ 内側に引っ張るように振り抜く

自分から遠いファーポスト側を狙うときは、蹴り足を外側に振り抜いたが、反対にニアポストを狙って蹴るには、インパクトの瞬間にボールを内側に引っ張るような動作が必要。横回転と縦回転が同時に加わったボールは、勢いよく飛び出してから、するどく曲がりながら落ちてくる。

### 4 フォロースルー

4 蹴った後は体のバランスを保ちながら、しっかりとボールを押し出すことで、ボールスピードが上がる。

4 フォロースルー

## このキックの名手

**メッシ** アルゼンチン

**ピルロ** イタリア

**遠藤保仁** 日本

## このキックの要素と特徴

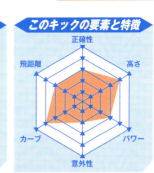

正確性／高さ／パワー／意外性／カーブ／飛距離

## このキックを使用する状況

← 赤い矢印がこのキック

### ナナメ45度の位置から曲げて落とす

ゴール前のフリーキックで、壁の上を越してニアポスト側を狙いたいときに使われる。相手選手が作る壁の中で、一番低いところを狙って通せば、ゴールまでの距離が短縮でき、決まる確率も上がる。インパクトとカーブのかかり具合は普段からつかんでおこう。

### キック博士 浅井武のワンポイント解説

**短い助走で決定率が上がる**

南アフリカワールドカップで遠藤保仁が決めたフリーキックは、わずか4歩の助走で蹴られたものだった。助走の距離が長いとコースを読まれるので、なるべく短い助走で蹴るように心掛けよう。

CHAPTER 4 インフロント&アウトフロント系キック[実践編] — インフロントカーブ(ニア)

# インフロント&アウトフロント系キック

## 35 アウトフロントス

足の甲の外側の部分に素早くボールを乗せて前方にロントスナップは、振り足とボールのスピードに差ミングをずらすのに有効。GKとの1対1や至近距

### ボールのインパクト

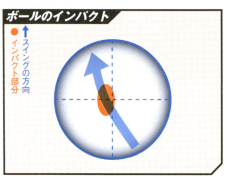

- インパクト部分
- スイングの方向

### 足のインパクト

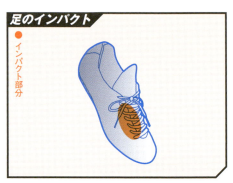

- インパクト部分

## 後ろからのアングル

| 1 アプローチ | 2 バックスイング | 3 インパクト |
|---|---|---|
|  |  |  |
| ①ワンステップでキックできる位置にボールを置く。前傾姿勢になって、蹴り足のヒザをかぶせやすくする。 | ②ボールのやや後ろに軸足を踏み込む。蹴り足は大きく振り上げるのではなく、小さなモーションにすること。 | ③足をボールの下から滑り込ませる。甲の外側の部分でボールの中心よりやや左側をすくうように蹴る。 |

| 1 アプローチ | 2 バックスイング | 3 インパクト |
|---|---|---|
|  |  |  |

## 正面・斜めからのアングル

# CHAPTER 4

## ［実践編］

## ナップ

放るように蹴るアウトフがあるため、相手のタイ離のパスなどに使おう。

### このキックの名手

メッシ
アルゼンチン

ロッベン
オランダ

香川真司
日本

### このキックの要素と特徴

### ◀ 足の甲の外側に乗せてから放り出す

足の甲の外側部分で、ボールの中心からわずかに左側を「蹴る」というよりも一瞬、足に「乗せて、放り出す」イメージでタッチする。素早いモーションから、ゆったりしたボールを生む。場面によって、ボールに触れる時間とインパクトの当たり具合を調整し、浮き球の強さを変えよう。

### このキックを使用する状況

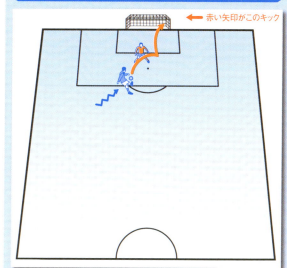

← 赤い矢印がこのキック

### 4 フォロースルー

◀ 蹴った足を上に向かって振り抜く。クイックなモーションから、フワッとした浮き球が飛んでいく。

### 4 フォロースルー

### 至近距離の1対1でタイミングをずらす

GKと接近した状態の1対1で、完全にコースを塞がれ強く蹴ってもブロックされそうなときに、タイミングをずらす方法。素早い振りで、GKは強いシュートが飛んでくると予測するが、その裏をかいてフワッとした浮き球を蹴れば、GKは触ることができない。

### キック博士 浅井武のワンポイント解説

#### 足首の振りをわざと遅くする

通常のキックではスピードを出すための蹴り方をするが、このキックの場合はタイミングをずらすことが目的なので、場面によってはあえて足首の振りを遅くして、ゆるやかなボールにしてみよう。

## インフロント&アウトフロント系キック ［実践編］ —— アウトフロントスナップ

117

# その他のキック

## CHAPTER 5

チップキック
ダイレクト・チップキック
ループキック
ヒールキック
クロス・ヒールキック
ソールキック
トゥキックストレート
トゥキックドライブ
ラボーナ
オーバーヘッドキック

# CHAPTER 5
## その他のキック

相手の意表を突くキックは
局面を切り開く突破口にな

　これまでに紹介したインサイド＆アウトサイド系、インステップ系、インフロント＆アウトフロント系のキックはあくまでも基本的なキックだが、サッカーのキックには、これら基本的となる種類のほかに、やや特殊な蹴り方をするキックが、まだまだ多く存在している。
　この章では、基本種以外にカテゴリーされるキックを紹介していく。例えば、足のツマ先でボールを突き出すように蹴るトゥキック。このキックはクイックなモーションで蹴るため、相手に読まれにくく、そのうえ非常に鋭いボールが蹴れる。カカトで蹴るヒールキックは相手の意表をついた方向へボールを出せるし、チップキックは足先をボール下に急激な角度で差し込むことで、相手の頭越しのボールが蹴ることができる。
　このようなキックは決して多用するものではないが、正確性は総じて低く、ミスを起こす可能性が高いキックともいえる。また、いわゆる教科書的なキックではないため、ミスをした場合には、軽卒なプレーとも見られることもありリスクは非常に高い。しかし、その反面、相手も予想しづらいため、決定的な場面を演出する切り札になることもある。
　この章で挙げるキックをマスターすれば、プレーの幅が広がり、引き出しの多いプレーヤーになれることは間違いない。

# その他のキック

## 36 チップキック

相手の虚をついたキックの代表格といえばチップをボール下に差し込むようにして、フワッとした山キックの種類でも緩急をつけて、意表を突いたシュー

### ボールのインパクト

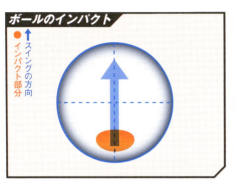

- スイングの方向
- インパクト部分

### 足のインパクト

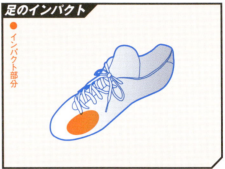

- インパクト部分

## 後ろからのアングル

### 1 アプローチ

**1** 助走はボールに対してまっすぐに入り、大股で勢いをつけながら距離を詰めていってキック体勢へ。

### 2 バックスイング

**2** ボールの真横に軸足を踏み込む。上体を立てた姿勢で、蹴り足をしっかりと振り上げて……。

### 3 インパクト

**3** 足首を"L字"に曲げた状態で、ボールの底にツマ先を潜り込ませ、弾き上げるように蹴る。

## 正面・斜めからのアングル

### 1 アプローチ

### 2 バックスイング

### 3 インパクト

# CHAPTER 5

## その他のキック —— チップキック

キック。足のツマ先部分なりのボールを蹴る技だ。トやパスを狙おう。

### このキックの名手

**トッティ**
イタリア

**ルーニー**
イングランド

**中村俊輔**
日本

### このキックの要素と特徴

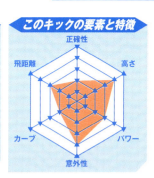

正確性／高さ／パワー／意外性／カーブ／飛距離

### ツマ先をボールの下へ滑り込ませるように

ツマ先から、親指の付け根あたりを中心に、ボールの底に滑り込ませるようにインパクトする。インパクト時の足首は"L字"に曲げ、ボールを前へ蹴るというよりもテイクバックから、ボールと地面のすき間を狙って足を着地させるイメージで行なうとうまくボールが浮いてくれる。

### このキックを使用する状況

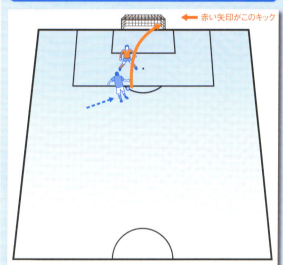

← 赤い矢印がこのキック

#### 意表を突いたシュートでタイミングをずらす

前目にポジションを取るGKの頭越しに、ペナルティーエリア手前からチップキックでシュートを狙うと面白い。強いシュートを蹴るようなモーションでGKをその場に足止めし、フワッとしたボールで静かにネットを揺らす。いわば、コロコロPKの浮き球バージョンだ。

### 4 フォロースルー

◀ フォロースルーをせず、その場に止めることによって、よりボールが上に浮きやすくなる。

◀ フォロースルー

### キック博士 浅井武のワンポイント解説

**蹴り足はコンパクトにヒザ下を素早く振る**

チップキックを蹴るときは蹴り足を大きく振らずにコンパクトにする。ヒザ下を素早く振って、インパクト時にはスパイクの裏が地面を擦るような状態になる。上体がかぶらないように気をつけよう。

# その他のキック
## 33 ダイレクト・チップ

パスワークの流れの中で繰り出すチップキックのアかい性質のボールを求めるキックなので、転がってせば、密集地帯で、予備動作もなくフワッとボール

### ボールのインパクト
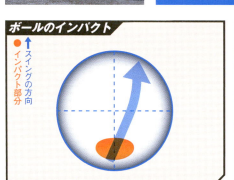
- ↑スイングの方向
- ●インパクト部分

### 足のインパクト

- ●インパクト部分

## 後ろからのアングル

| 1 アプローチ | 2 バックスイング | 3 インパクト |
|---|---|---|
|  |  |  |
| 1 流れてくるボールの勢いを利用するため、ボールの横あるいは若干ナナメにポジションをとる。 | 2 上体を起こして視野を確保しながら、ボールを十分に引きつけてから蹴り足を振り上げる。 | 3 ボールの底にツマ先を滑り込ませ、すくい上げるようにとらえる。軸足はまっすぐに伸ばす。 |

| 1 アプローチ | 2 バックスイング | 3 インパクト |
|---|---|---|
| |  |  |

## 正面・斜めからのアングル

# CHAPTER 5

## その他のキック ― ダイレクト・チップキック

# プキック

レンジ技。そもそも柔らくるボールの勢いを活かを浮かすことができる。

### このキックの名手

**セスク** スペイン
**ピルロ** イタリア
**本田圭祐** 日本

### このキックの要素と特徴

正確性／高さ／パワー／意外性／カーブ／飛距離

### ◀ ツマ先でボールの下を擦り上げるように意識

インパクトのポイントはチップキックと同様の場所。力まずにボールの底にツマ先を滑り込ませるようにインパクトする。このとき、足先に軽く角度をつけながらバックスピンをかけるように意識すると、急角度で上空に上がり、落下後もストップしやすいボールとなる。

### 4 フォロースルー

4 インパクトした蹴り足は内側に巻くように振り抜く。すくわれたボールはフワッと浮き上がる。

### 4 フォロースルー

### このキックを使用する状況

← 赤い矢印がこのキック

### DFラインの裏に落としてチャンスを演出

ペナルティーエリア近くで、ボールを持った味方からパスを受ける。パスを出した味方は裏に走り出すが、パスコースは相手に切られている。このような場面でチップキックを使えば、相手の頭上を通してDFラインの裏にパスを送り、チャンスを演出できる。

### キック博士 浅井武のワンポイント解説

**リラックスしてボールの勢いを利用する**

止まったボールを蹴るチップキックと違い、ダイレクトで蹴るチップキックはボールの勢いを利用できるので、蹴り足自体の力はそれほど必要としない。リラックスした状態でボールをインパクトすること。

## その他のキック

# 38 ループキック

チップキックよりも、さらに瞬間的に変化をつけら
だ。足先にボールを乗せてチョコンと浮かすボール
相手の選手もおもわず見上げるばかり。遊び心があ

### ボールのインパクト

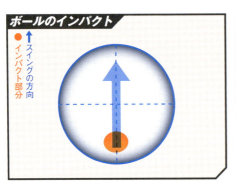

### 足のインパクト

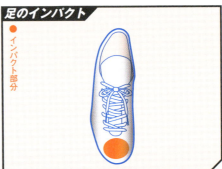

## 後ろからのアングル

**1 アプローチ**

① ワンステップで蹴れる距離にボールを置いて、真後ろから助走する。勢いはあまりつけず、ゆっくりと近づく。

**2 バックスイング**

② 軸足の位置はボールの横。バックスイングはあまりとらず、蹴り足をコンパクトに振り上げる。

**3 インパクト**

③ ツマ先をボールの下に入れて、「蹴る」というよりも「すくい上げる」イメージでボールを乗せる。

**1 アプローチ**

**2 バックスイング**

**3 インパクト**

## 正面・斜めからのアングル

# CHAPTER 5

## その他のキック —— ループキック

れるのがループキックはタイミングが読めず、るおしゃれな技だ。

### このキックの名手

**ロビーニョ** ブラジル
**ロシツキー** チェコ
**香川真司** 日本

### このキックの要素と特徴

(正確性／高さ／パワー／意外性／カーブ／飛距離)

### ツマ先でボールをすくい上げる

ツマ先の中心部分をボールの底に素早く潜り込ませ、そのまますくうように持ち上げる。ツマ先を返しながら、蹴り足のヒザを引き上げる感覚で行なおう。注意したいのはボールの中心を正確にとらえないと、失敗する可能性が非常に高いということ。トリッキーなキックこそ繊細さが大切だ。

### このキックを使用する状況

← 赤い矢印がこのキック

### 相手に囲まれたピンチを一気に打開する

ライン際でボールを受けたが、相手に数的優位を作られ囲まれてしまった状況。パスコースもない。このような場面こそループキックの出番。地上にコースがなくても空中にはある。相手の頭上や脚の上にボールを通して複数を抜き去れば、逆に数的優位となる。

#### 4 フォロースルー

**4** 蹴り足のツマ先を返すようにしながら、ヒザを引き上げる感覚で、まっすぐ振り上げる。

#### 4 フォロースルー

### キック博士 浅井武のワンポイント解説

#### スイングの勢いはつけずボールを足の上に乗せる

ループキックは「蹴る」というよりも、ボールを「すくう」という表現が正しい。スイングの勢いはほぼ必要としない。つま先をボールの下に入れて、インパクト時に足首を返すようにすくうと綺麗に上がる。

## その他のキック

# 39 ヒールキック

体の前方ではなく、後ろに向かって蹴る数少ない技
が狭く、調節しづらいカカトで、視野を確保できな
易度が高くリスクを伴うが、思いのほか効果も使用

### ボールのインパクト
↑スイングの方向
● インパクト部分

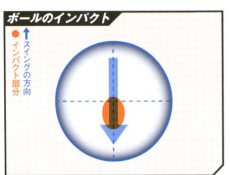

### 足のインパクト
● インパクト部分

### 後ろからのアングル

| 1 アプローチ | 2 バックスイング | 3 インパクト |

**1** ボールは体の真下にある状態。ボールが動くと蹴りづらいので静止した状態にしておくほうが良い。

**2** 軸足はボールの真横かやや前に置く。自転車のペダルを漕ぐイメージで蹴り足を前に出して……。

**3** ボールの中心をしっかりと意識して、ビリヤードの玉を突くようなイメージでまっすぐ後ろに足を振る。

| 1 アプローチ | 2 バックスイング | 3 インパクト |

### 正面・斜めからのアングル

# CHAPTER 5

## その他のキック ― ヒールキック

術。ボールに当たる面積い背後を狙うために、難頻度も高いキックだ。

### このキックの名手

**ナニ** ポルトガル

**シルバ** スペイン

**松井大輔** 日本

### このキックの要素と特徴

（正確性・高さ・パワー・意外性・カーブ・飛距離）

### ◀ カカトの中心で まっすぐとらえる

カカトの中心という、横幅が非常に狭い部分でインパクトするので、まっすぐに当たらないとうまく転がらない。ボールの中心からやや下の部分を狙って、確実にヒットさせよう。インパクトの瞬間に蹴り足のツマ先がまっすぐ前を向いているか意識しながら蹴ると良い。

### このキックを使用する状況

← 赤い矢印がこのキック

### 4 フォロースルー

**4** 蹴った後は、そのまま膝を折り畳むようにコンパクトに振り抜く。背後の味方にパスが届く。

**4 フォロースルー**

### オーバーラップに合わせてパス

相手陣内のサイド深くの位置でボールを持っている場面。ドリブルでいったん自陣方向へ引き返しながら、オーバーラップしてくる味方のサイドバックにすれ違い様にパスを出すなど、ボールを保持した選手が相手を十分に引きつけるのが、効果の高い使い方だ。

### キック博士 浅井武のワンポイント解説

**軸足の位置で ボールの場所を覚えよう**

ヒールキックは蹴る方向だけでなく、インパクト時のボールも体の真下にあるため、視界にとらえられないのが難点。軸足とボールの位置関係を把握して、見なくても蹴れるようになろう。

## その他のキック

## 98 クロス・ヒールキ

攻撃の流れの中のワンポイントとして効果の高い技をクロスさせ、ヒールキックを行なう。一見、高度な動作や走る動作で前方に振り出した足を後方に振り戻

### ボールのインパクト
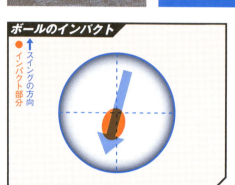

### 足のインパクト

## 後ろからのアングル

| 1 アプローチ | 2 バックスイング | 3 インパクト |
|---|---|---|
|  |  |  |
| **1** 軸足の外側にボールを置く。ボールとの距離感を意識しながら、蹴り足を体の前に運んで……。 | **2** 蹴り足をボールの前に振り上げる。ボールを両足で前後から挟んだ状態にしてキック体勢へ。 | **3** 軸足を抜きながら、蹴り足を地面につき、カカトの中心で、ボールの中心やや下をインパクト。 |

|  |  |  |
|---|---|---|
| 1 アプローチ | 2 バックスイング | 3 インパクト |

## 正面・斜めからのアングル

# CHAPTER 5

## その他のキック ― クロス・ヒールキック

## ック

術。軸足の前から蹴り足技術に思えるが、キックせば、容易に行なえる。

### このキックの名手

**ナスリ** フランス
**エジル** ドイツ
**松井大輔** 日本

### このキックの要素と特徴

正確性／高さ／パワー／意外性／カーブ／飛距離

### ◀ 蹴り足の角度がナナメになる

軸足の外側にボールを置き、蹴り足を前から交差させてヒールキックする。足を交差する都合上、蹴り足の角度がナナメになるため、中心をとらえる感覚が通常のヒールキックとは少し異なる。軸足と蹴り足の入れ替えをスムーズに行い、窮屈にならないように注意すること。

### このキックを使用する状況

← 赤い矢印がこのキック

### 回り込んだ味方をフリーにしてからパス

サイドで前を向いてボールを受け、中央にドリブルで切り込みながら相手を引きつけ、後ろから回り込んでくる味方へクロスヒールでパスを送る。ボールを持って仕掛けることで、相手をくぎづけにして、自分の背後に作ったスペースを使うという頭脳的な使用例だ。

### ◀ フォロースルー

◀ 地面についている足が入れ替わり、前方に踏み出したような形になる。素早く体勢を整えて次のプレーへ。

### ◀ フォロースルー

### キック博士 浅井武のワンポイント解説

#### 蹴り足の角度を変えてパスを自在に操る

クロスヒールは蹴るまでのフォームが走るときとほぼ同じなので、意外とスムーズにキック動作ができる。蹴り足をクロスさせる角度を変えることでパスコースもコントロールが効く。想像以上に実戦的な技だ。

## その他のキック

# 53 ソールキック

ソールキックは味方の選手とのコンビネーションで〜キック技術だ。後ろにパスを出す点ではヒールキッ〜広い足の裏で蹴るので、キックミスが少ないのが特〜

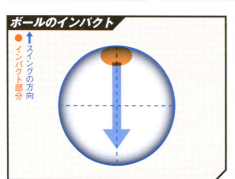

**ボールのインパクト**
- インパクト部分
- スイングの方向

**足のインパクト**
- インパクト部分

### 後ろからのアングル

| 1 アプローチ | 2 バックスイング | 3 インパクト |

1 味方の選手が自分の後ろを回ってくる。蹴る前に周囲の味方の位置や動きをとらえておくこと。

2 軸足をボールよりも後ろに踏み込む。前傾姿勢になり、蹴り足をボールの真上に運んで……。

3 足の裏でボールを踏みつけて、後ろを回った味方のタイミングに合わせてボールを"置いてくる"。

| 1 アプローチ | 2 バックスイング | 3 インパクト |

### 正面・斜めからのアングル

# CHAPTER 5

## その他のキック —— ソールキック

相手を翻弄できる特殊なキックと似ているが、面積の徴だ。

### このキックの名手

**ナスリ** フランス

**エジル** ドイツ

**清武弘嗣** 日本

### このキックの要素と特徴

正確性／高さ／パワー／意外性／カーブ／飛距離

### ▶ 足裏で舐めるようにボールを後ろへ流す

ソールキックは、その他の技術とはかなり特徴の異なるキックになる。ボールを「蹴る」というよりも、足の裏を使ってボールの中心を上から「舐める」ようにまっすぐ後ろへ引く。足の親指の付け根（拇指球）あたりでボールを上から押さえると、より正確にコントロールできる。

### このキックを使用する状況

← 赤い矢印がこのキック

#### 味方とのスイッチでDFを置き去りにする

バイタルエリアへ侵入してゴールへと迫るとき、相手DFの前をドリブルで横切り、注意を自分に引きつけたところで、ソールキックでボールを後ろに残す。走り込んできた味方とスイッチ（入れ替わり）しながら、DFを置き去りにして鮮やかなゴールチャンスを演出する。

### ④ フォロースルー

④ ボールを後ろへ流したら、そのまま前へ走り抜けていく。うまくいけば次のボールが受けられる。

### ④ フォロースルー

### キック博士 浅井武のワンポイント解説

#### あうんの呼吸が成功させるコツ

ソールキックは足の裏でボールを転がすという比較的簡単なキックだ。このキックの場合は、キックそのものの成功よりも、味方との息を合わせて、ボールがしっかりと相手に渡るかということが大事だ。

133

## その他のキック

### 92 トゥキックストレ

トゥキックはフットサルではよく使われるキックの一つ。まっすぐ飛ばす動作は非常にクイックで、相手がタイミ〔ン〕クだ。サッカーでもゴール前や密集地帯などで使うと効〔果的〕。

#### ボールのインパクト
- スイングの方向
- インパクト部分

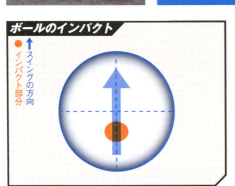

#### 足のインパクト
- インパクト部分

### 後ろからのアングル

| 1 アプローチ | 2 バックスイング | 3 インパクト |
|---|---|---|
|  |  |  |
| ①蹴る方向に対して、ワンステップで蹴れる場所にボールを置く。助走にそれほど勢いをつける必要はない。 | ②軸足は、ボールよりも少し手前に踏み込む。蹴り足は大振りにならないように注意して、まっすぐに振り上げる。 | ③ヒザをボールにかぶせながら蹴り足を振り、ツマ先でボールの中心やや下を押し出すように突く。 |

|  |  |  |
|---|---|---|
| 1 アプローチ | 2 バックスイング | 3 インパクト |

### 正面・斜めからのアングル

# CHAPTER 5

## その他のキック —— トゥキックストレート

**一ト**

ツマ先でボールを突いてングを読むのが難しいキッ果的だ。

### このキックの名手

**ロナウジーニョ**
ブラジル

**アグエロ**
アルゼンチン

**中村俊輔**
日本

### このキックの要素と特徴

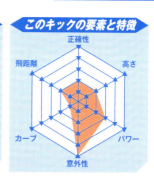

正確性・高さ・パワー・意外性・カーブ・飛距離

### ビリヤードのようにツマ先でボールを突く

インパクトは「蹴る」よりも「突く」というイメージだ。ツマ先はボールを当てる部分が面よりも、点といえる非常に狭い場所なので、ボールの中心やや下をとらえなければミスが頻発してしまう。まっすぐにボールが飛ぶポイントをつかむまでは、何度も蹴って感覚をつかもう。

### このキックを使用する状況

← 赤い矢印がこのキック

**4 フォロースルー**

**4** ボールが横にブレないよう、まっすぐに振り抜く。蹴り上げるような形になるとボールが浮き過ぎてしまうので注意。

### ノーモーションシュートで強襲

トゥキックストレートは、シュートで使う場面がほとんどだろう。足下に深く納まったボールを、どのキックよりも素早く、ほとんどノーモーションで蹴ることができるため、ペナルティーエリア内の密集などで重宝する。ブラジル人選手が好んで使うテクニックだ。

**4 フォロースルー**

### キック博士 浅井武のワンポイント解説

**力まなくても強シュートが打てる**

トゥキックはすべてのキックの中でもっとも瞬間的に行えるものだ。またツマ先の1点にパワーが集中するため、正確にボールをとらえれば、それほど力を入れなくても強いシュートが打てるのが利点だ。

135

## その他のキック

# 93 トゥキックドライブ

トゥキックストレートをさらに強烈なパワーで押しに落ちるボールにするのがトゥキックドライブだ。しいキックだが、マスターできれば近〜中距離シュー

### ボールのインパクト
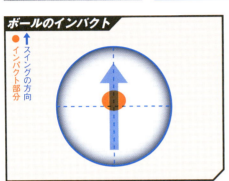

### 足のインパクト

### 後ろからのアングル

**1 アプローチ**

1 ボールの正面に立ち、まっすぐ助走をとる。ナナメからだとボールの中央を蹴るのが難しくなる。

**2 バックスイング**

2 軸足はボールよりも少し手前に置くようにし、蹴り足をまっすぐに振り上げてパワーを溜めて……。

**3 インパクト**

3 ヒザをボールにかぶせながら、蹴り足を素早く振って、ツマ先でボール中央を押し出すように蹴る。

### 正面・斜めからのアングル

**1 アプローチ**

**2 バックスイング**

**3 インパクト**

# CHAPTER 5

## トウキックドライブ

ブ出し、GKの手前で急激
コントロールが非常に難
トの大きな武器となる。

### このキックの名手
ロナウジーニョ
ブラジル

エトー
カメルーン

乾貴士
日本

### このキックの要素と特徴

### ボールの中心をとらえてドライブ回転をかける

「トゥキックストレート」と同じツマ先で、ボールの中心を強く押し出すように蹴る。ストレートのときよりも若干上を蹴ることで、ボールは前方方向へドライブ回転がかかって落ちる。少しでもインパクトのポイントがずれるとキックミスになるので注意しよう。

### このキックを使用する状況

← 赤い矢印がこのキック

### ミドルレンジから意表を突くシュート

ペナルティーエリア手前あたりからのシュートで使うと有効。GKの手前でバウンドするようなボールを蹴れば、キャッチするのは非常に困難になる。仮に一発で決まらなくても、弾かれたシュートに味方が詰めることを形にすれば、得点となるケースは倍増する。

**4 フォロースルー**

**4** インパクトした後もまっすぐに送り出すイメージを持って、最後までしっかりとフォロースルー。

**4 フォロースルー**

### キック博士 浅井武のワンポイント解説

**ツマ先の裏部分を使うのも一つの手**

トゥキックはボールに当てる面が狭く、ミートさせるのが難しいキックだ。どうしてもうまく蹴れない場合は、ツマ先を上に向けてツマ先の裏部分を使って中心を蹴るようにすればミートしやすくなる。

その他のキック

縦書き柱: インサイド＆アウトサイド ／ インステップ ／ インフロント＆アウトフロント ／ その他キック

## その他のキック

### 44 ラボーナ

軸足の外側に置いたボールを、軸足の後ろから回し〔て蹴るラボーナ〕は、変則的なキックの中でもとくに難易度が高いテ〔クニック。こ〕のプレーにこだわることが多いレフティには、この〔…〕

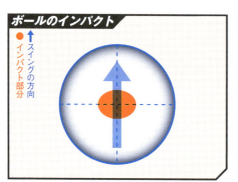

**ボールのインパクト**
● インパクト部分
↑ スイングの方向

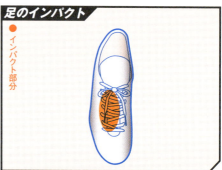

**足のインパクト**
● インパクト部分

### 後ろからのアングル

| 1 アプローチ | 2 バックスイング | 3 インパクト |

**1** 助走はボールに対してナナメ方向から入る。蹴る前にボールの位置をよく確認して、キック体勢に移る。

**2** ボールの左手前に軸足を置く。体をナナメに倒して、蹴り足になる右足を軸足の後ろから回して……。

**3** 軸足の裏側から回した蹴り足のヒザ下をコンパクトに振り、足首のスナップを利かせながらインパクトする。

| 1 アプローチ | 2 バックスイング | 3 インパクト |

### 正面・斜めからのアングル

# CHAPTER 5

## その他のキック — ラボーナ

た蹴り足で蹴るラボーナテクニック。利き足1本キックの名手も多い。

### このキックの名手

**ガンソ**
ブラジル

**クアレスマ**
ポルトガル

**アイマール**
アルゼンチン

### このキックの要素と特徴

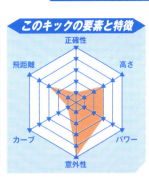

（正確性／高さ／パワー／意外性／カーブ／飛距離）

### 足の甲の中心でボールの真ん中を叩く

当てるのはスパイクの靴紐を通している甲の中心部分で、ボールの真芯を上から「叩く」イメージで蹴る。インパクトでは蹴り足をナナメに伸ばし、なるべく足の甲の広い部分に当たるように、軸足との間隔を広くとる。最後は足首を返してスナップを利かせるように蹴ると強く叩ける。

### このキックを使用する状況

← 赤い矢印がこのキック

#### タイミングをずらしてクロスを上げる

ペナルティーエリアの横でボールをもったときに、クロスボールのアイデアの一つとして使えるキックだ。軸足を踏み込むタイミングを悟られずに変則的にボールを蹴れるので、相手を驚かせてリズムを狂わすことができる。密集したエリア内でのとっさのプレーにも有効だ。

### ④ フォロースルー

④ インパクトの後に蹴ったツマ先が狙ったコースへ向いていると、狙った方向へ蹴ることができる。

### ④ フォロースルー

### キック博士 浅井武のワンポイント解説

#### うまく蹴れない人は最後に軸足を浮かせて

ラボーナのインパクト時に、軸足にボールが当たってしまう、もしくは蹴り足と軸足が窮屈でうまくミートできないということがある。そういう場合は、インパクト後に軸足を浮かせてみるとうまく蹴れる。

## その他のキック

## 45 オーバーヘッド

オーバーヘッドキックはバイシクルキックとも呼ば〔れ〕、〔寝〕ながら頭越しにボールをキックする大技中の大技だ。ゴール前で追い込まれたときのクリアなど緊急退避〔…〕

### ボールのインパクト

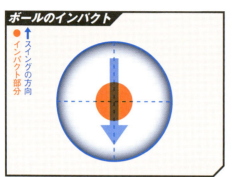

↑スイングの方向
● インパクト部分

### 足のインパクト

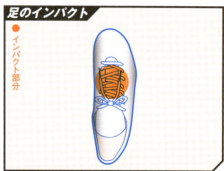

● インパクト部分

## 後ろからのアングル

| 1 アプローチ | 2 バックスイング | 3 インパクト |
|---|---|---|
|  |  |  |
| 1 蹴る方向に対して背中を向ける形で準備をする。試合では必要に迫られてこの形になることがほとんどだ。 | 2 走り幅跳びの挟み跳びの要領で、一方の足を振り上げながら反動をつけ、蹴り足になるほうの足で踏み切りジャンプ。 | 3 ボールをしっかりと見ながら、足の甲の中心でボールの真ん中をとらえ、叩き落すようなイメージで蹴る。 |

| 1 アプローチ | 2 バックスイング | 3 インパクト |
|---|---|---|
|  |  |  |

## 正面・斜めからのアングル

# CHAPTER 5

## その他のキック ── オーバーヘッドキック

## キック

れ、空中で逆さになりな
シュート以外にも自陣
時にも使える。

### このキックの名手

**リバウド**
ブラジル

**ルーニー**
イングランド

**ドログバ**
コートジボワール

### このキックの要素と特徴

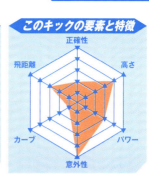

（正確性・高さ・パワー・意外性・カーブ・飛距離）

### 足の甲の中心で
### ボールの真ん中を叩く

ボールに当てるのは足の甲の中心部。シュートのときは、天地が逆転した蹴り足のツマ先が地面に向くぐらい、しっかりとかぶせることを意識しよう。一方、クリアのときはできるだけ遠くに飛ばすために、ツマ先を上に向けた状態にしてインパクトするといいだろう。

### このキックを使用する状況

← 赤い矢印がこのキック

### 一か八かの大技シュート

オーバーヘッドキックは、攻守どちらにおいても、他に選択肢がない場合の手段であることが多い。とくにゴール近辺でのボール争いは典型的。やや後方に流れクロスボールを、なんとかしてシュートにしたい場合など、迷いなく思い切り良く振り抜こう。

**4 フォロースルー**

**4** 頭を打たないように、インパクトと同時に腕で受け身をとる準備をして着地に備える。

**4 フォロースルー**

### キック博士 浅井武のワンポイント解説

### インパクトの瞬間に
### 足首を返して蹴る

オーバーヘッドキックをシュートで使うときに、上に飛んでしまい枠をとらえることができない人は、インパクトの瞬間に足首を返すように意識して蹴ると、ボールを叩き落とすことができる。

141

# 浅井武が答える
## キック技術を高めるための
# Q&A

## CHAPTER 6

## Question 01 体が小さくても、遠くまでボールを飛ばせますか？

### Answer
はい。どんな人でもボールは遠くまで飛ばせます

　キックというのは、全身運動のエネルギーをボールに伝えて飛ばすものなので、そのエネルギーを正確に伝える技術さえ身につけることができれば、どんな人でも遠くまでボールを飛ばすことができます。極端にいえば、小学生でも練習次第で一般の大人並みにボールを飛ばすことが可能です。

　体のサイズに関係なく、全身の力を使えばスピードにして秒速30m以上のボールを蹴る力を人間は持っています。もし、ボールが飛ばないと悩んでいる人は、それは全身の力を正しくボールへ伝えられていない、あるいは振り足のスイングスピードを上げることができていないということでしょう。

　この２つがボールを飛ばせない多くの人の原因として挙げられます。足だけで蹴ろうとすると、どうしても体が大きくて力のある人でないと難しくなってしまいます。

助走〜バックスイング〜インパクトと、一連の動きの中で、生まれたエネルギーをいかにボールにいかに伝えるかがキックにおける大切なポイント。下手な大人が力にまかせて、足を振り回すだけでは、意味がないのだ。

# Question
## 02 体を「かぶせる」ってどういうこと？

### Answer
## ボールを大きく蹴り上げないための方法です

言葉としては、体をかぶせると表現されるが、大切なのはヒザの位置。上の写真のように、しっかりとボールの上に蹴り足のヒザが、かぶるようにインパクトできれば、ボールはふかさない。動いているボールをキックする場合には、軸足の踏み込みによって、ヒザのかぶせ具合を調整しよう。

インステップキックで強いシュートをした時などに、ゴールを大きく越えて、高く遠くへ飛ばしてしまうことを、サッカーでは「ふかす」と表現します。この、ふかすキックを改善するための方法として、上半身を「かぶせる」ことがよく言われます。

ボールの飛ぶ角度というのは、インパクトするときの「ヒザの位置」で決まります。蹴る瞬間にヒザがボールにかぶさるようにすれば、ボールは自然と低い弾道で飛んでいきます。

しかし、ボールをふかしてしまう人は、上半身とヒザの位置が連動してしまい、インパクトのときにヒザの位置がボールよりも後ろになってしまいます。そうするとボールを上へ蹴り上げる格好になってしまい、結果ボールをふかしてしまうのです。

そのような場合に上半身をボールにかぶせるように蹴るというアドバイスをすれば、インパクトで、自然にヒザの位置がボールにかぶさり、ふかさずに低く抑えた鋭いボールが蹴れるようになります。

キックが上達すれば、上半身がどんな状態でもヒザの位置をコントロールしてふかさずにボールが蹴れるようになります。

# Question

## 03 ボールに当てる場所は、誰でもみんな同じですか？

### Answer

**気持ち良く蹴れる場所は、人によって違います**

　細かくいえば、人によって足の形はすべて違うため、インパクトの感覚も人それぞれとなり、ボールに当てる場所は各々の個性が出る部分かもしれません。

　しかし、例えばまっすぐにボールを蹴るのであれば、インパクトの際にボールの芯と足の芯を当てるという基本自体は変わりません。ただ、その足のどの部分を芯ととらえて当てるか、ということは人それぞれ違ってくるでしょう。

　ボールが足に当たったときの「感触の良さ」というのは、その本人にしか味わうことができませんが、それが蹴り方の個性につながることがあります。少しツマ先寄りで蹴るほうがしっくりくるという人もいれば、足首の方で蹴る方が気持ち良いという人もいます。

　しっかりと芯でとらえられるのであれば、当てる場所はここでなければいけないということはありません。

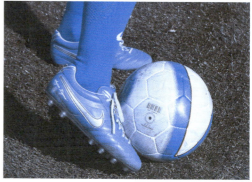

上の写真は、どちらもインステップキックを蹴るときのインパクト位置。同じインステップキックでも、インパクトの位置は一様ではなく個人差がある。また、同じキッカーが蹴る場合でも、キックする状況、蹴りたいボールの質によって、ボールへのアプローチは変えるのが、本来あるべきキックの形だ。

## Question 04 足首の柔らかさとキックの関係は？

### Answer
足首が柔らかいほうが多様なキックができます。

基本的なキックであれば、そもそも足首は固定する、あるいはボールの力で受動的に固定されてしまうので、足首が固いからといって致命的に影響することはありません。

ただ、ボールのコースを微妙に調整したいときは、蹴り足の足首が固いよりは柔らかい方が広い角度に向けられるため、コントロール性が増すということがいえます。

例えば、サイドをえぐってクロスを入れるときに、マイナス方向へ急激にコースを変えるには、足首が柔らかいほうがより角度をつけた鋭いボールが蹴れるでしょう。

一方、軸足で考えた場合は根本的に、まず体をしっかりと支えることが良いスイングを引き出すための条件となります。もしも、その条件をクリアーしていることを前提にするならば、蹴り足同様に足首は柔らかいほうが多彩なアングルでインパクトができるといえるかもしれません。

ボールを引っかけるようにしてキックするストロングインサイドシュート（P.62）などの蹴り方では、やはり足首の柔らかさがモノをいう。軸足の安定、蹴り足のコントロールは、足首の柔軟性があってこそ確かなものとなる。

## Question 05 自分のキックフォームはどうやって見つける？

### Answer 憧れの選手のマネから入るのも一つの手です

どのスポーツにおいても、自分の「型」というものを持っている選手のプレーは、動作に違和感がなく、見ていて気持ちの良いものです。

キックにおいても、無理のないフォームで蹴った場合には、たとえ強いインパクトであっても、体に感じるショックは少ないはずです。インパクト時のそういった感覚に敏感になることが大切でしょう。

その感覚に至るまで、自分で試行錯誤を繰り返して練習するのは良いことですが、それだけではどうしても長い時間がかかってしまいます。

まずは、憧れの選手のフォームをマネすることから始めるのが、早く上達するためのステップとして良いでしょう。キックの達人のマネをしつつ、インパクト時の良い感触を探り、最終的には自分へとフィードバックしながら、オリジナルのキックフォームにつなげていくことをオススメします。

もちろん、人それぞれ骨格や筋肉のつき方など体の特徴が違います。体の小さな人が大きい選手のマネをしてもなかなか難しいかもしれません。自分の体の特徴を考えながら、いろいろな人のキックをマネしてみます。そして、思い通りに蹴れたときの、良いキックの感覚を自分の中でつかみましょう。

憧れの選手のマネをすることで、さらにその選手のすごさが理解できる。あの場面での、あの選手の、あのキックと、はっきりとしたイメージをもって練習することで、やみくもにボールを蹴るよりもキックの感覚もつかみやすくなるはずだ。

CHAPTER 6

## Question 06 シュートが大きく浮いてしまうのはなぜ？

### Answer 強く飛ばそうとすればするほど浮きやすくなります

キック技術を高めるためのQ&A

写真は、インステップグラウンダー（P.84）のインパクト部分。体をかぶせてボールを押さえるだけでなく、このように蹴り足の角度を調整することで、地面を滑るようなボールにできるのだ。

Q2『体を「かぶせる」ってどういうこと？』で答えた、ヒザの角度も一つの原因ですが、それだけではありません。

強い力が加えられたときに、ボールは変形します。例えばインステップのときには、強いインパクトで変形したボールがほんのわずかな時間、足の甲に乗るような感じになります。

同じ位置でインパクトをしても、キックの力が強くなればなるほど、ボールが飛び出す角度は上に向かっていきます。ボールのインパクト位置を正しくとらえられていなければなおさらです。

決定的な場面では、シュートを強く飛ばそうという気持ちが先行してしまい、キックのフォームやインパクトのポイントがおろそかになりがちです。ボールを上にふかしてしまうというのは、そういった精神的なものからくる感覚のズレも原因といえるでしょう。

確実にシュートを打ちたいと思ったときこそ、基本に立ち返ることが大切です。自分のパワーをボールの一点に集中させ、正しく伝えてあげることを心掛けましょう。

## Question 07 フリーキックを決められる選手は何が違う？

### Answer
カーブをかけながらスピードを出せるところです

テレビに流れる一流選手のフリーキックの映像を見ていると、確かにボールをこすり上げてカーブをかけているように見える。しかし実際は、ボールの回転だけでなく、強いインパクトも意識したキックであることを知っておこう。

　カーブするボールのイメージや、ボールをキックする際の感覚が研ぎすまされているかということが大切だと思います。はじめは、ボールに回転をかけることに集中してしまいますが、慣れてくれば回転に加えてスピードをつけて蹴れるようになります。そこからさらに練習を積めば、今度は曲げながら落とすキックが可能になります。

　しかしカーブキックがうまく蹴れない人の多くは、ボールが回転するだけで、うまく飛ばないという人がほとんどではないかと思います。

　その原因は、ボールを回転させようという意識が強過ぎること。回転させることばかり考えて蹴ると、ボールを前へ飛ばすインパクトの勢いが欠けてスピードが出ません。

　CHAPTER1のマンガ（P.16～）でも紹介した通り、回転をかけつつ、しっかりとボールを飛ばすためには、ボールを"擦る"ようにインパクトするのではなく、蹴り方の基本は同じままで、インパクトするポイントと、フォロースルーの方向を少し横にずらしてキックするほうが良いでしょう。

## CHAPTER 6

### Question 08 ゴールキックやロングボールが飛びません……

### Answer バックスイングを大きくしましょう

　ボールが飛ばない原因の一つは、前述の通りインパクトに何らかの問題があることが考えられます。

　ただ、それができているのに飛ばないという人はボールを前に飛ばそうと意識するあまり、足のスイングを焦ってしまい十分にバックスイングがとれていない可能性があります。

　ボールの飛距離とバックスイングには大きな関係があります。バックスイングをしっかりとしていれば、その反動を活かしてインパクトするため、必然的に大きな力が生まれるからです。

　バックスイングを大きくするには、ゆったりと長めの助走をとって、大きく踏み込むのがコツです。この際、足だけでなく、体全体を使ってバックスイングをすることで、インパクトのパワーが上がって、ボールの飛距離が増します。

　また、ボールを高く浮かせたいときは、ボールのインパクト部分を少し下にずらしてみるといいでしょう。

もはや現代サッカーにおいてはGKのキックの技術が、このポジションをつとめる上で当たり前の資質として、求められるようになってきた。フィールドプレーヤー同様に、目的によってキックの使い分けを意識したい。

キック技術を高めるためのQ&A

# Question 09 利き足じゃない足で蹴るときのコツは？

## Answer 不恰好でもポイントを抑えることが大事です

　右利きの人が左足でボールをキックするなど、利き足の逆足では、うまく蹴れないという悩みをよく聞きます。この原因には、Q8「ゴールキックやロングボールが飛びません……」と同じように、バックスイングが小さくなっていることが挙げられます。

　逆足でキックするときには、利き足以上にバックスイングをしっかりととる意識をもたなければいけません。練習中から「利き足と同じようにバックスイングができているか？」と、チェックしながら蹴るといいでしょう。

　もう一つは、やはりインパクトのときにボールの芯を正確にとらえられていないことが考えられます。キックの基本はボールの芯をしっかりとミートすること。これは利き足でも逆足でも変わりません。

　逆足のフォームというのは、利き足と比べるとどうしても不器用な形になってしまいますが、バックスイングを大きくとって、正確にインパクトさえすれば、不格好でも良いボールを蹴ることができます。

写真はラボーナキック（P.138）のインパクト。利き足、逆足による基本的なキックに加え、逆足で、こんなトリッキーなキックが可能になれば、プレーの幅は、みるみる広がる。どんな状況にも対応できるようにキックの引き出しをふやしていこう。

# CHAPTER 6

## Question 10 ボールがブレるのはどうしてですか？

### Answer ボールの周りの空気の渦に振動が起こるからです

キック技術を高めるためのQ&A

　CHAPTER1のマンガ（P.16～）でも少し解説しましたが、ボールが飛んでいくときにボールの周囲にできる空気の渦がポイントになります。渦が大きくなると、大きな振動が生まれ、その影響を受けることでボールはブレながら飛んでいきます。

　渦が小さいと振動も小さく、ストレートのボールとして飛んでいきます。ただ、ストレートのボールといっても、まっすぐに飛んでいるようには見えますが、じつは変化が小さいだけで少しブレながら飛んでいるのです。

　ある一定の条件がそろうと、ボール周囲の空気の渦が大きくなり、その振動の加減でボールの変化が決まります。「ここまでがブレ球」、「ここからはストレート」という線引きは非常に難しいところがあります。

　ボールの回転もポイントになります。回転がかかっていると空気が一定の方向へ流れていくので、ボールはカーブする軌道を描きながら飛んでいきます。それが回転のかかっていない、いわゆる「無回転」のボールでは、空気の流れが一定でなく、ど

ちらに飛んでいくか不安定な「ブレる」現象が生まれやすくなります。ただし、このブレるという現象の仕組みについては、まだはっきりとわかっていない部分もあり、これから研究で解明していかなければならない部分も多いのです。

誰もが挑戦してみたくなる無回転ブレ球。キッカーによってインサイド、インステップと蹴り方はさまざまだが、インパクトの感覚自体は共通したところがある。ボールを回転させない蹴り方がつかめれば、曲がるボールの蹴り方の理解も同時に深めることができるはず。

転がすのか、浮かすのか、カーブをかけるのか？目的によって、蹴り方は多種多様に変化する。

## バージョンアップした新しいキックの教科書

　サッカーのキックは、ゲームに使用するボールの素材や構造、また選手たちが追い求めてきたテクニックの変化によって、大きな進歩を遂げてきました。

　現代サッカーには、魔球のように揺れる無回転ブレ球を蹴る選手、何種類ものカーブを蹴り分ける選手が出てきました。かつてはほとんど見られなかった、ヒールキックやトゥキック、そしてオーバーヘッドキックなどのトリッキーな技術もポピュラーなものになりました。

　そんなキック技術の進歩に比べると、日本サッカーにおけるキック指導の現況は、「遅れている」と言えるのではないでしょうか。サッカーの指導書を開いても、そこに載っている解説は何十年も前から変わらないオーソドックスなものがほとんど。

　インステップキックであれば「足の甲でボールの中心を強く蹴る」、カーブキックであれば「ボールの下側をこするように蹴る」といった具合に、学校体育の教科書で見たような言葉が並んでいます。

　近代サッカーの戦術を詳細に解説する本や、ドリブル技術を詳しく

Epilogue

扱った本はたくさんの種類が出ているのに、キックに関しては何十年前のものしかないのです。これでは正しいボールの蹴り方や、キックの種類を学ぶ機会は少なくなります。日本サッカーがレベルアップするためにキックの技術向上は必要不可欠。現代サッカーに合わせてバージョンアップした「新しいキックの教科書」を作りたい——。

そんな思いが出発点となって、この本は生まれました。この本を見ればわかるように、インサイドキック一つをとっても、転がすのか、浮かすのか、カーブをかけるのかによって、蹴り方は微妙に変わります。こ こまでキックについてこだわった本はおそらく「日本初」でしょう。

日本サッカーにおけるキック研究の第一人者であり、本書の監修でもある筑波大学・浅井武教授はこう言います。「キックはサッカーの基本であり、最も奥深い技術です」。物理学的視点とプレーヤー的視点を併せ持つ、浅井教授のエッセンスが詰まったこの本をフル活用すれば、"キックマスター"になることも夢ではないはずです。

スポーツライター
北健一郎

**エピローグ**

# 浅井 武
（あさい たけし）
Takeshi Asai

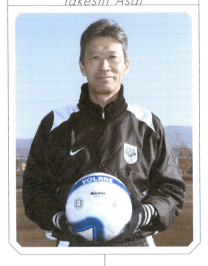

1956年生まれ。筑波大学体育系教授。工学博士。研究分野はスポーツバイオメカニクス、スポーツ工学。日本人スポーツ研究者として、はじめて国際物理科学雑誌『Physics World』に論文が掲載。モーションアナリストとして、また名門・筑波大サッカー部の顧問として多方面で活躍するキック研究の第一人者。研究者とサッカー指導者の顔を併せもち、物理学的視点、技術的視点の双方向からサッカーを語ることのできる希有な存在。著作には、共著となる『スポーツのバイオメカニクス』（中央法規出版）、『見方が変わるサッカーサイエンス』（岩波書店）のほか、監修をつとめた『サッカー ファンタジスタの科学』（光文社）などがある。

## 筑波大学蹴球部
TSUKUBA UNIV. F.C

明治29年（1896年）に設立された高等師範学校フットボール部に起源を持つ。前身となる東京高等師範学校・東京文理大・東京教育大の頃より100年以上にわたる歴史を持つ日本屈指の名門クラブ。国内外を問わず、サッカー界を代表する名選手を数多く輩出している。関東大学サッカーリーグ1部での優勝14回、その他、全日本大学サッカー選手権大会（インカレ）、総理大臣杯全日本大学サッカートーナメントなど主要大会での優勝多数。

**撮影協力◎筑波大学蹴球部のみなさん**
写真左から、桑原 鉄平 コーチ、鳥羽 亮佑 選手、林 昇吾 選手、乗松 翔真 選手

## サッカー・神技フリーキック・シュート&パスが蹴れるようになる本 新版

**2016年9月30日　初版第1刷発行**

| | |
|---|---|
| 監　　　修 | 浅井 武 |
| 発 行 者 | 滝口直樹 |
| 発 行 所 | 株式会社マイナビ出版<br>〒101-0003　東京都千代田区一ツ橋2-6-3 一ツ橋ビル2F<br>電話　0480-38-6872【注文専用ダイヤル】<br>　　　03-3556-2731【販売部】<br>　　　03-3556-2735【編集部】<br>URL　http://book.mynavi.jp |
| 編集・構成 | 北 健一郎／篠 幸彦 |
| 本文写真・撮影 | 高橋 学 |
| 漫画・カバーイラスト | サダタロー |
| カバー・本文デザイン | 雨奥崇訓 |
| 本 文 デ ザ イ ン | ケンゴウ |
| 印 刷・製 本 | 中央精版印刷株式会社 |

※本書は、2012年に株式会社マイナビより発行された『サッカー・神技フリーキック シュート&パスが蹴れるようになる本』に一部修正を加えた再編集版です。
※価格はカバーに記載してあります。
※乱丁・落丁本についてのお問い合わせは、TEL：0480-38-6872【注文専用ダイヤル】、または電子メール：sas@mynavi.jpまでお願いします。
※本書について質問等がございましたら（株）マイナビ出版編集第2部まで返信切手・返　信用封筒を同封のうえ、封書にてお送りください。お電話での質問は受け付けておりません。
※本書は著作権法上の保護を受けています。本書の一部あるいは全部について、発行者の許諾を得ずに無断で複写、複製（コピー）することは著作権法上の例外を除いて禁じられています。

©2016 Takeshi Asai　©2016 Kenichiro Kita　©2016 Mynavi Publishing Corporation.
Printed in Japan
ISBN978-4-8399-6084-1　C0075